本の現場 HON-NO-GENBA

本はどう生まれ、
だれに読まれているか

永江朗
NAGAE Akira

ポット出版

本の現場
本はどう生まれ、だれに読まれているか

目次

付録・インタビュー

本はどう
生まれているか

01 新刊洪水

本が増え続けている。2004年1年間に出た新刊のタイトル数は約7万5千点。これは出版科学研究所のデータで、出版ニュース社の出版年鑑データだと8万点を突破している（この差異はムックを書籍に含めるかどうかによるもので、どちらが正確かというものではない）。1日の平均で200点以上、出版社や取次が営業している週日だけで考えると、300点弱の本が毎日出ていることになる。それだけ言論・出版の自由が謳歌されているのだと考えれば、とても素晴らしいことであるはずだ。しかし出版産業に携わる人の多くは、そのように感じていない。また、一読者である私の日常からしても、新刊が増えて多種多様な意見や作品を手に取ることができるようになった、という実感はあまりない。

発行点数の増大とは何なのか。いつごろから、なぜ増えたのか。増えたことによって何が起こっているのか。

東京、新宿区東五軒町の出版科学研究所（社団法人全国出版協会・出版科学研究所）に、主任研究員の佐々木利春さんを訪ねた。佐々木さんによると、新刊点数が急激に増えたのは90年代に入ってからだと言う。たとえば10年ごとにデータを見ていくと、70年代から80年代は、それぞれ10年間で約8千〜1万点ずつしか増えていない。ところが90年代には2万5千点も増えた。勢いは新世紀に入ってからも衰えていない。

「本が売れなくなったから、点数が増えたんです」と佐々木さんは言う。

80年代後半のバブル経済は90年前後に崩壊し、日本経済は長期不況に入った。景気の悪化と出版点数の増大は同時に起きている。

だがちょっと待って。出版界の総売り上げ（雑誌と書籍の売上額の合計）がマイナスに転じたのは97年からではなかったか。96年までは、出版界はまだ景気が良かったのでは？

「いいえ。書籍の実売部数は、すでに89年から対前年比マイナスになっています。しかし雑誌は伸び続けていたし、書籍は価格上昇が部数の低下をカバーしていたので、96年までプラスが続きました」

97年、消費税率が3%から5%にアップされ、消費が一気に冷え込んだ。価格上昇でグロスの売り上げをカバーしていた書籍も「なんだかこのごろ、本が高いんじゃない？」と割高感が浸透したというわけだ。

書籍新刊発行点数と書籍推定販売部数の推移

出典＝『2009出版指標年報』社団法人全国出版協会・出版科学研究所

年	書籍新刊発行点数	書籍販売部数（万冊）
1959	11,614	13,133
1960	11,173	14,601
1961	11,476	15,963
1962	10,642	18,662
1963	12,157	19,809
1964	13,928	25,698
1965	14,728	28,327
1966	15,808	34,180
1967	17,460	37,764
1968	17,644	41,561
1969	18,487	41,873
1970	19,226	47,159
1971	19,518	47,129
1972	20,760	50,325
1973	20,138	54,955
1974	19,979	59,189
1975	22,435	63,222
1976	24,162	68,502
1977	25,808	71,669
1978	27,150	77,156
1979	27,132	75,842
1980	27,709	76,450
1981	29,263	76,360
1982	31,523	79,697
1983	33,617	85,401
1984	35,853	88,449
1985	35,920	89,177
1986	35,762	90,026
1987	36,346	94,229
1988	37,064	94,379
1989	38,057	94,127
1990	38,680	91,131
1991	39,996	90,575
1992	42,257	88,253
1993	45,799	87,715
1994	48,824	88,795
1995	61,302	89,371
1996	63,054	91,531
1997	65,438	87,592
1998	65,513	81,337
1999	65,026	79,186
2000	67,522	77,364
2001	69,003	74,874
2002	72,055	73,909
2003	72,608	71,585
2004	74,587	74,915
2005	76,528	73,944
2006	77,722	75,519
2007	77,417	75,542
2008	76,322	75,126

●書籍新刊発行点数の収録範囲は、1995年より改定
●書籍実売部数の算定方法は次の通り。取次出荷部数−小売店から取次への返品部数＝販売部数

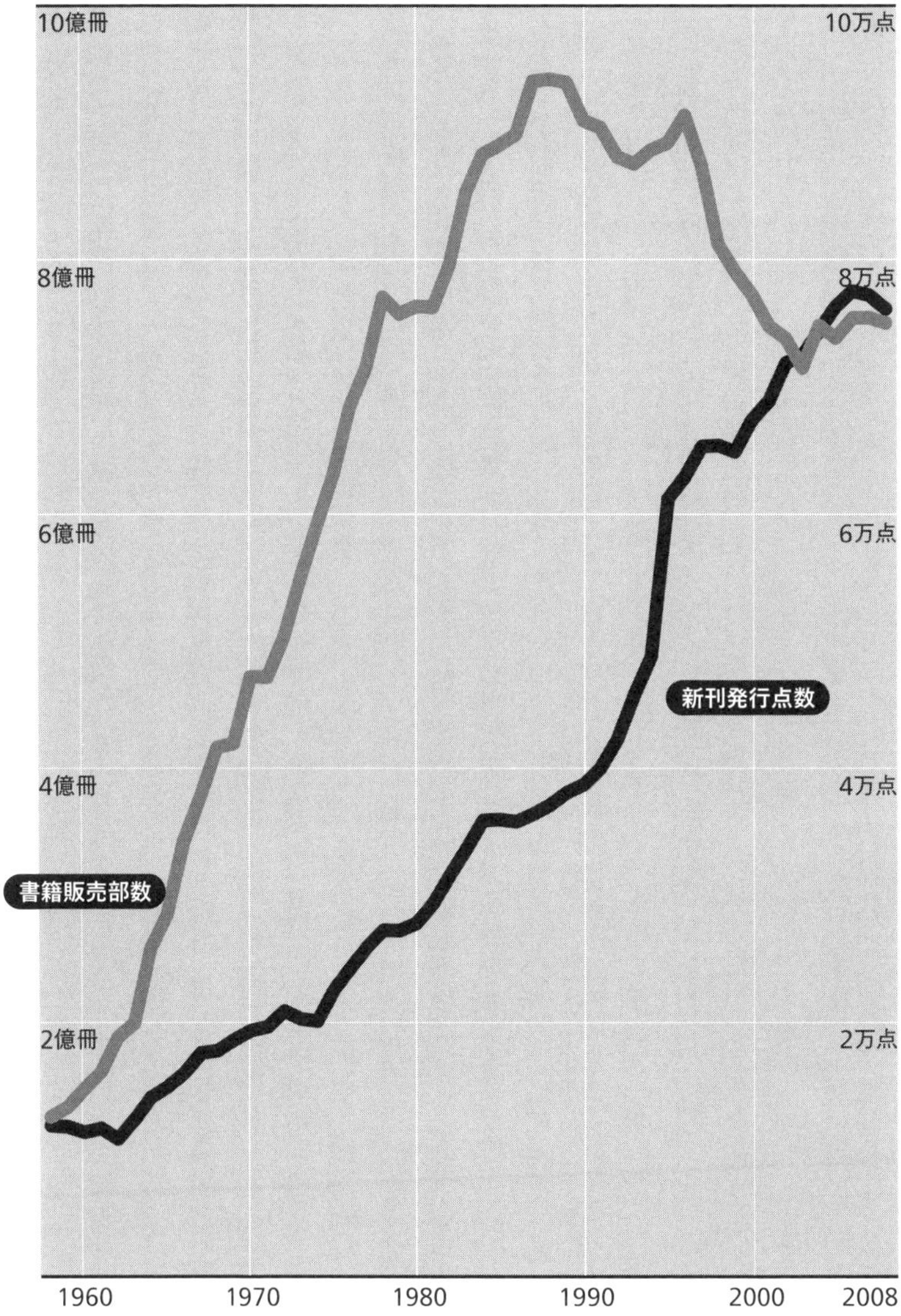
10億冊
8億冊
6億冊
4億冊
2億冊
10万点
8万点
6万点
4万点
2万点
書籍販売部数
新刊発行点数
1960
1970
1980
1990
2000
2008

「88年の書籍の実売は9億4千万冊だったのに、03年は7億1千万冊まで下がってしまいました。70年代なかばの実売部数まで落ちていったことになる。すごいですね」

ちなみに04年はミリオンセラーが多かったこともあって、7億5千万冊まで回復している。

なぜ90年代に本が売れなくなったのだろう。不況のせい？　それもあるだろう。しかし、昔から「出版は不況に強い」といわれていたではないか。実際、戦後60年の間は景気のいいときも悪いときもあったのに、書籍・雑誌の総売り上げは一貫して増え続けてきたのだから。何が起こったのか。

「若者の時代が終わったから」と佐々木さんは言う。

「いま振り返ると、80年代は若者の時代でした。とくに雑誌文化は若者のものだったし、書籍でも文庫は若者のものでした。映画とのメディアミックスで成功した角川文庫をはじめ、若者をとらえた文庫がたくさん出た」

ところがバブルの頂点で若者が雑誌や書籍にそっぽを向きはじめた。いや、若者の数そのものが減りはじめたのだ。

「やっぱり本は若者のものなんです。誰だって若いときは読んだ。でも、年をとったら読まなくなる。団塊の世代と団塊ジュニアが通り過ぎていったとき、若者の時代は終わり、本が売れなくなっていった」

問題は、出版社あるいは出版産業全体がどこまで状況を正確に把握していたかである。市場収縮を不可避ととらえていれば、縮小均衡という道を選んだはずだ。市場規模に合わせて減産して破綻を回避できた。ところが現実には点数は増えるばかり。これについて佐々木さんは、「書籍の部数が減っていることはわかっていても、まだ書籍・雑誌の売り上げ全体では伸びると思っていたのではないか。だから価格を上げることと点数を増やすことでカバーしようとしたのではないか」とみる。

発行点数が増大し続けるもうひとつの理由は、それを抑制するシステムがないからである。80年代の前半、返品率が上昇した。これに対して、出版界では雑誌創刊の抑制策をとった。業界の合意で、雑誌の新創刊をできるだけ減らした。ところが書籍に関しては、発行点数を抑制しなかった。取次も、出版社が作った本の扱いを断らなかった。

これにはいくつかの理由が考えられる。まず、「取次」という呼称からも明らかなように、取次の業務は出版社が作った出版物を小売店に取り次ぐことであるから、その本を扱うか扱わないかは、第一に小売店の判断によるべきだ、という意識だ。出版という行為が憲法で保証された言論・出版の自由と密接に関わることであることから慎重になった面もあるだろう。

もうひとつ大きかったのは、この時期から出版社が取次に対して返品マージンを支払うようになったこと。出版社にしてみれば、「返品にもマージンを払っているのだから、(あまり売れそうにない)新刊を取次が扱うのは当然だ」という気分だろう。もちろん返品マージンは一種のペナルティであり、返品率を抑制することを期待して導入された、と考えることもできるし、事実、いくらかはその効果があったのではあるけれども。

発行点数が増えても、市場は収縮し続けている。1点当たりの発行部数は減り続ける。ごく大

書籍・雑誌の推定販売金額の推移

出典＝『2009 出版指標年報』社団法人全国出版協会・出版科学研究所

年	書籍(億円)	雑誌(億円)
1955	248.2	409.5
1956	255.5	426.5
1957	273.3	470.7
1958	279.1	523.2
1959	298.6	556.7
1960	374.0	571.0
1961	464.2	614.2
1962	587.6	713.1
1963	695.6	750.2
1964	912.1	882.3
1965	1,063.7	992.4
1966	1,347.1	1,130.6
1967	1,609.3	1,355.8
1968	1,868.5	1,567.2
1969	2,009.2	1,781.5
1970	2,246.1	2,101.8
1971	2,423.1	2,393.5
1972	2,700.6	2,792.5
1973	3,199.6	3,281.5
1974	4,214.3	4,231.4
1975	4,889.4	4,876.5
1976	5,200.8	5,435.4
1977	5,458.9	5,896.8
1978	5,945.6	6,339.6
1979	6,348.6	6,937.7
1980	6,724.8	7,799.0
1981	6,865.3	7,940.2
1982	7,088.0	8,351.2
1983	7,125.2	8,835.2
1984	7,064.7	9,304.9
1985	7,273.5	10,125.7
1986	7,477.3	10,491.3
1987	7,992.5	10,811.1
1988	8,258.8	11,430.3
1989	8,483.6	11,915.8
1990	8,660.4	12,638.1
1991	9,444.3	13,340.8
1992	9,637.4	13,923.0
1993	10,034.3	14,865.7
1994	10,375.5	15,050.3
1995	10,469.8	15,426.7
1996	10,931.1	15,632.7
1997	10,730.1	15,644.1
1998	10,100.4	15,314.7
1999	9,935.8	14,671.6
2000	9,705.7	14,260.5
2001	9,455.8	13,793.8
2002	9,489.8	13,615.5
2003	9,055.9	13,222.3
2004	9,429.4	12,998.3
2005	9,197.3	12,767.1
2006	9,325.8	12,199.6
2007	9,025.8	11,827.3
2008	8,878.1	11,299.3

●推定販売部数を本体価格で換算した金額。消費税分は含まない。算出方法は次の通り
取次出荷額—小売店から取次への返品額＝販売額
●各項目の計算値を表示単位で四捨五入している

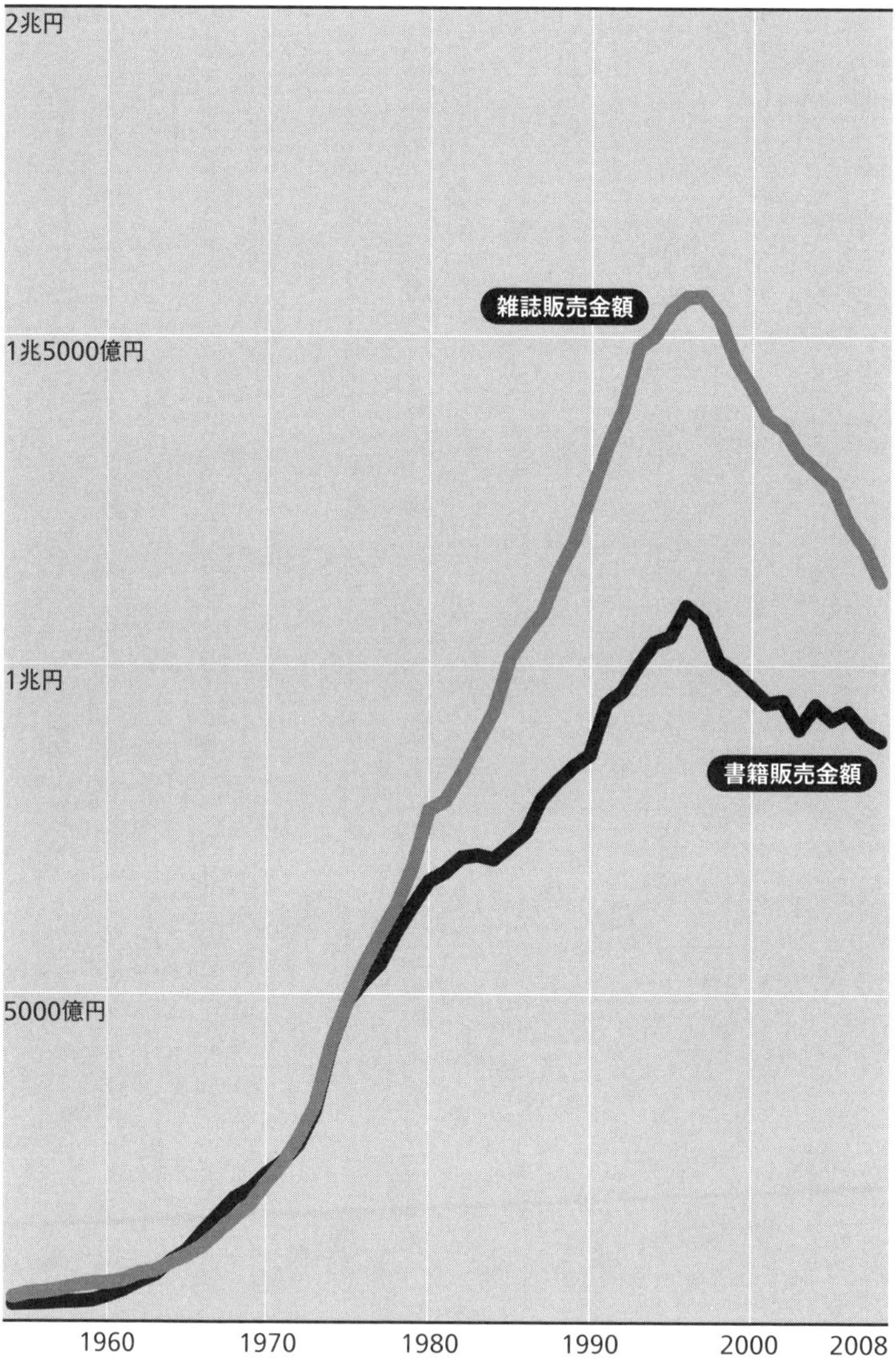
2兆円
1兆5000億円
1兆円
5000億円
雑誌販売金額
書籍販売金額
1960
1970
1980
1990
2000
2008

ざっぱにいって、89年から04年の15年間で、点数は倍になり、1点当たりの実売部数は半減した。

このまま出版点数は増え続けるのか、それともどこかで縮小均衡に向かうのか。佐々木さんは2007年がひとつのターニングポイントとなるとみる。団塊の世代がリタイアすれば、消費行動は大きく変化するだろう。暇ができてたくさん本を買って読むようになるか、それとも通勤電車から解放されて読書をやめるか。また、増え続けた場合、現在の出版流通システムがどこまで耐えられるか、という問題もある。

●

東京、池袋のジュンク堂書店を訪ねた。副店長の中村文隆さんは、芳林堂を経て西武百貨店書籍部（のちのリブロ）に入社。長らく仕入れを担当していたが、ジュンク堂の東京進出にあたって移籍したという経歴の持ち主である。中村さんの実感でも、この十数年で新刊点数は倍以上、そして中村さん自身の作業量も倍以上に増えたという。

書店では、売場規模に比例して扱う書籍のタイトル数が増える。大量部数を刷る書籍は、都会のメガストアにも町の零細書店にも並ぶ。少部数しか作らない専門書は、メガストアに優先して配本される。一方で、零細書店では注文がない限りは並ばない。点数の増大と部数の減少は、必然的に書籍の偏在を招く。

2004年の新刊発行点数7万5千点という数字について、「実際はもっと多い」と中村さんは言う。じつは、何を書籍としてカウントするかは、ちょっとむずかしい問題だ。出版科学研究所も出版ニュース社（出版年鑑）も、取次を経由して流通する書籍をベースとしている。だが、一般に流通しない書籍もある。ジュンク堂池袋店が取次を経由せずに直接取引しているのは、法人と個人を合わせておよそ700社（者）にも及ぶ。

「パソコンが普及して、本は簡単に作れるようになった。作ったら人に見せたくなるし、流通させたくなる。パーソナルメイクできるようになって、いろんなところからいろんな形態で本が出るようになった」と中村さんはなかば呆れ顔で言う。

なかには出版を目的とするのではない団体が、その成果物として本を作る場合もある。NPOや一般企業の刊行物、あるいは独立行政法人の刊行物も持ち込まれる。

だが、出版点数を増大させている最大の勢力は既存の出版社である。出版物の内容が変化していると中村さんは言う。

「2匹目のドジョウとはよく言うけど、いまは平均すると4匹目、5匹目までは出る。最近の新書なんて、ほとんどが一昔前なら雑誌で16ページの特集を組めば済んじゃうようなものですよ」

出版もまたビジネスである。志だけでやっていければいいが、そうもいかないことがある。出したい本を作るために、あまり出したくない本を作ることもある。

「昔は1勝3敗なんていっていた。出したいものを1冊作るために、やりたくないものを3冊作る。それがいまや1勝9敗。いや、ことによると0勝10敗くらいかもしれない」と中村さんは苦笑する。それくらい書店の仕入れの現場で見る本は、ひどいことになっているということだ。

書籍・雑誌の返品率の推移

出典＝『2009 出版指標年報』社団法人全国出版協会・出版科学研究所

年	書籍(%)	雑誌(%)
1955	29.2	19.2
1956	31.6	20.1
1957	32.5	20.5
1958	33.1	18.7
1959	32.3	22.7
1960	31.6	22.7
1961	29.3	22.9
1962	27.2	21.8
1963	29.3	22.5
1964	29.4	21.0
1965	30.0	20.9
1966	30.5	20.8
1967	31.0	19.8
1968	32.6	19.8
1969	31.8	19.7
1970	30.0	19.4
1971	30.5	20.2
1972	30.3	20.3
1973	28.8	19.1
1974	27.2	17.9
1975	29.6	19.2
1976	32.5	21.7
1977	34.3	22.2
1978	35.0	23.8
1979	32.8	22.2
1980	33.5	22.5
1981	35.8	25.1

年	書籍(%)	雑誌(%)
1982	35.4	24.1
1983	37.2	24.8
1984	39.1	24.8
1985	39.5	24.6
1986	38.7	23.6
1987	35.0	22.4
1988	34.2	22.2
1989	33.4	20.7
1990	34.0	20.7
1991	32.4	22.4
1992	33.6	22.1
1993	33.6	23.0
1994	34.1	24.3
1995	35.5	25.3
1996	36.1	27.1
1997	39.3	29.5
1998	41.0	29.2
1999	39.9	29.6
2000	39.4	28.9
2001	39.1	29.4
2002	37.7	29.4
2003	38.8	31.0
2004	36.7	31.7
2005	38.7	32.9
2006	38.2	34.5
2007	39.4	35.2
2008	40.1	36.5

●それぞれ金額基準による返品率
●返品率は推定返品金額(書籍は常備寄託品を含む)を書籍は出回り金額、雑誌は発行金額で除して算出
●ただし、返品された書籍の大半と雑誌の一部は注文等に充当され再出荷されるので、返品は即廃棄を意味するものではない

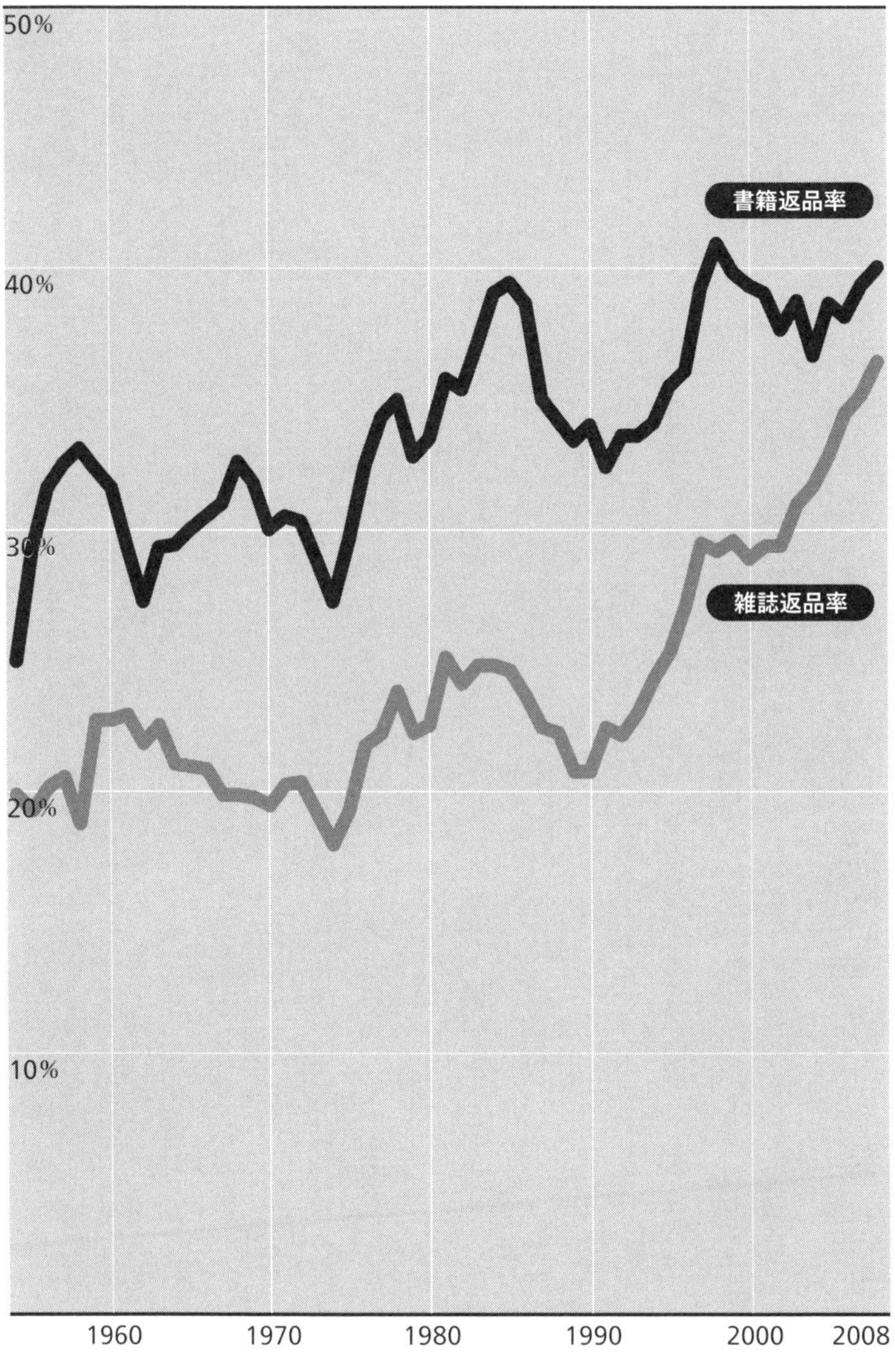
50%
40%
30%
20%
10%
書籍返品率
雑誌返品率
1960
1970
1980
1990
2000
2008

旧来型の教養書はむしろ減っているかもしれない。

一方、「出る本も多いけど、なくなる本も多い」と中村さんは言う。品切れや絶版が増えているのだ。日本書籍総目録に掲載されているのはおよそ65万点だが、これは出版社の自己申告の数字。品切れ重版未定で流通していないものも多数含まれる。流通している本、いわゆる「生きている本」は50万点程度と推定される。新刊点数が増えても流通可能な本の点数がそれほど増えないのは、多産の裏側にある多死という現実による。

「単行本が2、3年で文庫になる。文庫になると、出版社は親本を絶版にしてしまう。単行本で読みたいという読者だってたくさんいるのに。そして、文庫も2、3年後には品切れ・重版未定。いまや文庫は絶版助成アイテムです」

ここでひとつ大きな疑問がわく。出版点数が増え、売場面積も広がったが、書店はどこも人を減らしている。市場が縮小する中、ローコストオペレーションは必須だった。だがどうやってそのようなことが可能になったのだろう。

これについて中村さんは「POSレジと自動発注のおかげ」と言う。POSとはPoint Of Sales system、つまり販売時点情報管理システムのこと。いつどこで何が売れたかをコンピュータによって集中管理するシステムだ。スーパーや百貨店では70年代から普及していたが、書店では90年代から一般化した。これと自動発注システムをつなげば、とりあえず売れた本の補充はできる。

「省力化というよりも、レベルダウンが可能になった。レベルが落ちても、とりあえず本は入ってくるから」と中村さんは言う。

いま大型書店の多くは棚にコードをふり、棚コード管理をしている。自動発注によって入ってきた本をどの売場のどの棚に入れるべきかも、機械が教えてくれる。

2007年問題についてどう思うか、と中村さんに尋ねた。

「人口減も含めて、日本語マーケットは縮小するでしょう。その意味では、出版は斜陽産業ですよ。もっとも、産業ですらなかったかもしれないけど。縮小均衡できるかどうかはわからない。ただ、破綻してもゼロになることはない。書店も出版社もなくなりはしない。それでも、いまのような状態は続けられないと思いますよ」

●

増え続ける新刊を誰が作っているのか。

出版科学研究所の佐々木利春さんは、90年代以降進行している出版社のリストラと関係があるのではないかと言う。点数の増大は文庫化や新装版など、コンテンツの2次使用、3次使用も多いが、オリジナルも増えている。一人の編集者の仕事量は増えるが、それにも限度がある。しかも多くの出版社は、90年代に人員削減を行なった。じつは退職した編集者が編集プロダクションを作ったりフリーランスとなったりして、本づくりを支えているのではないか、と言うのだ。

何人かの編集者に話を聞いた。Aさんは美術系の専門書を多く手がける出版社に勤めている。

「発行点数はこの10年で倍になりました」とAさんは言う。文庫も持っていないし、コスト的に

2次使用が難しいジャンルなので、最近では既存の路線以外に一般書にも企画を広げるようになった。そのために社員を採用したし、編集プロダクションに外注することも増えているという。

Bさんは新書も刊行する中堅出版社に勤めている。やはり新刊点数は増えているが、なかでも新書は持ち込み企画が多いという。持ち込みルートは、著者が直接コンタクトをとってくる場合もあるが、知り合いの編集者からの紹介だったり、著者からの紹介だったり。もちろん持ち込みや提案が多いのはありがたいことではある。従来は内容をよく精査したうえで本にするかどうかを決めていた。いまはまずは出版スケジュールありきで、点数を確保するためには多少は内容に目をつぶっても本にしてしまうこともあるのではないかと、ため息まじりに言う。

Cさんの勤める出版社は専門書を手がけていたが、数年前に一般書の部門を創設した。新たな部門には社内から異動した人と、他社から移籍した人とがいる。社内で作る本が中心ではあるが、企画によっては編集プロダクションに委託することもあるという。

もっとも、まったく逆の方向を模索している出版社もある。Dさんは大手総合出版社で書籍を編集している。「新刊点数の増大にともない、編集者は経営から『もっと本を作れ』といわれているのでは?」と質問すると、「むしろ逆ですね」と言う。上司からいわれているのは、点数を絞ってでも、確実に売れる本、売りのばせる本を作るように、ということだ。

繰り返すように、新刊点数が増えたけれども、1点あたりの部数は減っている。書籍1点を作るのに要する手間が同じだと仮定すると、同じ仕事量で半分しか売り上げをたてられなくなっている。ここでさらに点数を増やすのは、収益のデフレスパイラルを招くようなもの。点数を絞って確実に売れるものを、というのは正しい。

以上、出版点数の増大をめぐって、何人かに話を聞いた。はっきりしたのは、本が売れなくなっていること、売れないから（それをカバーするために）本を増やしていること。それを支えているのは、出版社側では編集・製作の外注化であり、書店側ではPOSシステムや棚コード管理、自動発注システムである。

点数の増大と発行部数の減少は、大型書店には本がたくさんあるが、中小零細店にはベストセラーしか並ばないという本の偏在をもたらした。だが、今後、読者（＝日本語人口）が減ることは確実だ。継続的市場収縮下での新刊発行点数増大という異常事態はいつまで続くのか。もしかすると今われわれは、とんでもない分岐点に立っているのかもしれない。

［2005年4／5月号］

●附記

新刊洪水の根本的な原因は、委託制と一体化した再販制度にある。出版社は資金繰りのために本を作り、書店も資金繰りのために返品する。

出版社が作った本は取次を経由して書店に入る。書店は取次に代金を支払い、取次は出版社に支払う。ここまでは他の商品と同じだが、本の場合は返品がある。書店は売れ残った本を取次に返品し、取次は出版社に返品する。出版社は返品分の代金を取次に返し、取次は書店に返す。

出版界における委託制は、厳密には返品条件付き買切りである。本当の委託制は、商品が売れた後で精算されるが、出版界ではいちど精算した後、返品分を払い戻す。再販制度によって本は定価で販売される。売れ残っても値崩れしない。書店にとっては、客に売るのも返品するのも、本がお金に化けることにはかわりない。もちろん客に売れればマージン（仕入れ値と売り値の差額）を得られるが、返品ではマージンはゼロである。出版社は取次に新刊を納品すれば、書店で売れるかどうかとは関係なく、とりあえずはお金を得られる。出版社にとっても書店にとっても、本は貨幣と同じだ。私はこれを〝本のニセ金化〟と呼ぶ。「本は出版界の地域通貨だ」という人もいる。

書店が返品した本は取次を経由して出版社に返ってくる。出版社はその分の代金を取次に支払わなければならない。返品の代金と納品の代金は相殺されるから、もし返品が納品を上回れば、出版社は本当にお金を取次に支払わなければならなくなる。これを避けるためには、返品を上回る納品を作らなければならない。これが新刊点数増大のメカニズムだ。

もちろん事態をうんと単純化して説明するとこうなるということであり、現実はもっと複雑だ。出版社と取次との取引条件、取次と書店の取引条件は、どちらも一律ではない。歴史が古くて規模の大きな出版社ほど有利な条件にある。また、どんな本でも返品できるわけではなく、書店が出版社や取次に注文した本や委託期間（返品可能期間）を超えたものは原則として返品できない。

本が売れないから本をたくさん作る。出版界は典型的な自転車操業に陥っている。自転車操業であろうとなんであろうと、それだけなら読者・消費者には関係がない。ところがこの自転車操業と新刊洪水は本の短命化をもたらした。1日に100点から400点もの新刊書が出る。とても書店に並び切らない。書店はどうするかというと、既刊本のなかから売行きの悪いものを返品する。新刊点数が増えるということは、1点の本が書店に並んでいる時間が短くなるということである。この15年で年間新刊発行点数は倍になった。さらに15年を遡ると約半分である。つまりおよそ30年間で4倍になったのだ。単純に言うと、1点の本が書店に並んでいる時間は4分の1になった。もちろん日本全国の書店の総売場面積は増えているから、厳密には4分の1ではないだろうが。

本好きを自認する人でも、どのくらいの頻度で書店に行くだろうか。メディア関係の仕事についていない限りは、せいぜい週に何度か、あるいは月に何度かという人がほとんどではないか。ということは、多くの人にとって、自分の知らないところで本が生まれ、返品されていっているわけである。「重要な本は長く並んでいるはずだ」と考えることもできるが、それは希望的観測かもしれない。重要な本ほどすぐ姿を消して、くだらない本ほど長く並んでいる可能性もある。出版界の自転車操業化、新刊大洪水によって、読者＝消費者は迷惑を被っている。

今後急激に本の消費が伸びる可能性はあまり考えられない。総人口も若年人口も減っていく。海外で日本語人口が急増するとも思えない。それでなくてもインターネットや携帯電話に市場を食われているというのに。

出版科学研究所の佐々木さんの予言通り、2007年、2008年と新刊発行点数が減った。しかしこれは自費出版会社、新風舎が倒産したからかもしれない。

自転車操業と新刊大洪水への対応策はいくつ

か考えられる。しかし委託制と再販制度に手をつけない改善策は実効性がないのではないか。再販制度にも委託制にも良いところはたくさんある。だが弊害が多く、それが出版という行為(あるいは本を読むという行為、ものごとを知るという行為)の根幹にかかわるようになってしまっているのだから、再販制度や委託制を変えることも視野に入れて改善策を考えなければならないだろう。

具体的には、本が貨幣として流通するような状況をやめること。出たばかりの本も、売れ残って返品される本も、同じ値段で流通するのはおかしい。千円で入荷した本を千円として返品できる状況をやめて、たとえば返品のときは900円になってしまうようなしくみを作る。いわゆる責任販売制だ。100円の差額は返品のペナルティというよりも、それが売ることのインセンティブとなり、返品抑制のインセンティブとなる。もちろん100円でなくても、50円でも、200円でもかまわない。そこは関係者が話し合って決めるしかない。

秋物の洋服は冬になると価値が下がる。来年の秋には流行が変わって着られなくなるかもしれない。半年前に出たタレント本に、半年前と同じ価値があるだろうか。発行後1年たった小説の、文学としての価値が変わらないからといって、商品としての価値も同じとは言えないだろう。もちろん価値が日に日に下がっていくという事態に私たちが感覚的に耐えられるかどうかも考えなければならないけれども。

本を生き延びさせるためにはどうすればいいのだろうか。

02 本を出したい

01新刊洪水の項で、書籍・雑誌の総売り上げが年々減少しているにもかかわらず（ただし、2004年は少し増えた）、書籍の発行点数は増え続けている現状についてリポートした。じつは、年間7万5千点（ムックも含めると8万数千点）の新刊のうち、数千点は自費出版によるものである。「数千点」とはずいぶんと曖昧ないいかただが、一般の出版物と自費出版物の間にはっきりした境界線はない。しかも、これは「広義の自費出版」とでも言うべきもので、書き手は必ずしもそれが自費出版であるとは自覚していない。

自費出版とは、紙代や印刷・製本代など本の製作にかかる費用を著者側が負担する出版形態のこと。それ自体はけっして新しいものではなく、たとえば島崎藤村や宮沢賢治も自費出版で自分の本を出していた。また、自費出版は必ずしも素人のもの、というわけでもない。たとえばアラーキーこと写真家の荒木経惟氏は毎年のように写真集を自費で作って親しい人に贈っている。昔から一般の出版社でも、自費出版を手がけるところは少なくない。その多くは、歌集や句集であったり、長寿を祝っての回顧録だったり、亡くなった人を悼んでの遺稿集だったりという、いわゆる「まんじゅう本」である（註・葬式まんじゅうに由来する）。また、研究者が論文を自費出版して、関係者に配ることもある。こうした自費出版物の多くはＩＳＢＮもつかず、一般の書店に並ぶこともない。

ところが、最近増えているのは、ＩＳＢＮと定価が表示された（つまり書店との間で再販契約を結んだ）、一般流通する自費出版物である。よく新聞などに「本にする原稿を探しています」といった宣伝文句で広告が出ているあれだ。文芸社や新風舎、碧天社などがその代表的な出版社だ（なお碧天社は２００６年に、新風舎は２００８年に倒産）。

10年ぐらい前、雑誌の座談会でいっしょになった白夜書房の末井昭氏は、「もうすでに本はたくさんあるのだから、著者にお金を払ってまで新しい本を作る必要はない。これからは書きたい人からお金をもらって本を作る時代だ」というような趣旨のことをいった。そのときは冗談だと思って笑ったのだが、本当のことになってしまった。

●

今回、新風舎に取材を申し込んだのだけれども、かなわなかった。質問項目を送り、一度はＯＫが出たものの、先方から何度か日時の変更があり、結局は見送りとなった。残念だ。そこで、かつて自費出版の会社に勤務し、現在はフリー編集者のＫさんに話を聞いた。

文芸社でも新風舎でも、あるいは他の自費出版会社でも、出版の形態はほぼ似たようなものだ。

それぞれの出版社によって呼称は少し違うが、企画出版、共同出版（協力出版などともいう）、自費出版の3パターンである。企画出版というのは、通常の出版社が行なうのと同じ。出版社が企画し、紙代や印刷・製本代、広告・宣伝その他の経費も一切を出版社が負担する。作った本は一般の書店に流通する。でき上がった本の所有権は出版社にある。著者には印税もしくは原稿料が支払われる。つまり、売れなかったときのリスクは出版社が負う。自費出版は先ほど述べたように、一切の費用を著者が負担する。本の所有権は著者にある。

共同出版／協力出版は、企画出版と自費出版の中間のような性質を持つ。私が「広義の自費出版」と呼ぶのがこれだ。共同出版／協力出版の発明こそが、自費出版ビジネスを飛躍的に拡大させた。中間のような性質というのは、初版の紙代や印刷・製本代などは著者が負担するが、企画出版のように一般の書店での流通可能性があるし、著者には印税が支払われるからだ。2刷以降の製作費は出版社の負担となり、印税率も上がる。印税率は初版は2％、2刷めが6％、3刷め以降は8％というような契約が多い。

自費出版会社では、客が持ち込んだ原稿を読み、この3パターンのいずれがふさわしいかを判断して勧める、としている。

「原稿を持ち込んでくる人の多くは『ぜひ企画出版で』という希望です」とKさんは言う。最初から共同出版／協力出版や自費出版で出したいという人は珍しい。当たり前といえば当たり前だけど。ところが、ほとんどの人は共同出版／協力出版を勧められることになる。Kさんによると、この場合の営業トークには定型があるのだそうだ。

「まず、初見ですごく褒めます。すごく褒めて、でも残念ながら企画出版で出すのは難しい、共同出版／協力出版をお勧めします、と続けます」

　そのときの殺し文句が、「企画出版は無理だけど、このまま埋もれさせてしまうのは惜しい」「この本は社会に必要な本だ」「多くの人の目に触れてもらうべきだ」など。すると客は「なんだ、企画出版では出してもらえないのか」とがっかりするのではなく、「そうか、やっぱりオレ／ワタシの文章にもいいところがあるんだ。認めてくれる人がいるんだ」と嬉しくなるというのである。

　実際、ブログやBBSの書き込みなどを見ると、この言葉を真に受ける人が少なくないようだ。「私の文章がやっと認められたんです」「ぜひ共同出版／協力出版で世に出すように、と勧められました」と大変な喜びようだ。

　最初から自費出版を希望する客にも共同出版／協力出版を勧める。このときも「埋もれさせてしまうのは惜しい」「社会に必要な本だ」という殺し文句が出る。

　なぜ出版社は共同出版／協力出版を勧めるのか。それは、共同出版／協力出版のほうが利幅が大きいからである。共同出版／協力出版はブラックボックス化している。建前上は、紙代・印刷代などの製作費は著者が負担し、宣伝費と流通経費は出版社側が負担する、といっている会社が多いが、現実には宣伝費も流通経費も著者が負担している場合がほとんどだ。全国紙や文芸誌に広告を出すケースも増えているが、そこでも自費出版会社は利益を得る。

　共同出版／協力出版の場合、わずかばかりとはいえ著者には印税が支払われる。著者にしてみ

自費出版会社別書籍発行点数

出典＝『出版年鑑』(1996年版〜2008年版)「出版ニュース」(2009年5月中・下旬合併号)出版ニュース社

	1995	1996	1997	1998	1999	2000	2001
文芸社	-	-	-	172	461	1223	1756
新風舎	248	406	348	361	362	271	301
近代文芸社	1316	932	258	208	213	169	163

	2002	2003	2004	2005	2006	2007	2008
文芸社	1797	1012	283	345	1468 (327)	1629 (302)	1731 (175)
新風舎	573	1065	1847	1673	2788 (385)	2039 (213)	倒産
近代文芸社	142	122	108	106	113	94	67

●カッコ内のデータは『出版年鑑』第2巻「書籍目録」掲載の点数。

文芸誌各誌の印刷部数

出典＝「JMPAマガジンデータ2009」社団法人日本雑誌協会

雑誌名	出版社	2008年	
群像	講談社	8,000	★
小説現代	講談社	30,000	★
小説宝石	光文社	17,103	★
小説すばる	集英社	20,667	★
すばる	集英社	8,000	★
小説新潮	新潮社	30,375	★
新潮	新潮社	11,500	★
問題小説	徳間書店	20,492	★
オール讀物	文藝春秋	74,834	★
文學界	文藝春秋	12,000	★
en-taxi	扶桑社	25,000	
文藝	河出書房新社	20,000	
野性時代	角川グループパブリッシング（角川書店）	70,000	

●2007.10.1-2008.9.30のデータ

★は印刷証明付部数

ると、（費用は自分が負担しているのだが）印税をもらっていっぱしのプロ作家気分を味わえる。ただし自分のお金で作ったこの本の所有権は出版社にある。著者は契約書に定められた部数の本を受け取れるが、それ以上必要になったときはお金を出して買わなければならない（もちろん定価の何割引かになる）。自分のお金で作ったものを自分で買うという不思議なことも起こり得るのだ。重版以降は費用は出版社持ち、印税率も上昇するが、しかし大半の本は初版だけで終わる（まあ、プロの書き手として十数年生きてきた私だって、重版が出る本はめったにない）。

共同出版／協力出版で本を作るのにどのくらい費用がかかるのか。これもケース・バイ・ケースで一概にいえないのだが、四六判並装200ページ程度、1千部で150万円から250万円ぐらいか。おそらく自費出版の倍ぐらいだろう。

原稿を持ち込む人は、エネルギッシュで熱い人が多い、とKさんは話す。

「年齢分布でいうと、応募者は20代が多い。表現欲求が旺盛なのかもしれませんね。ところが成約者の年齢分布はちょっと変わって、40代と60代が多くなります。やはりお金がかかることですので、ある程度余裕のある人じゃないと難しい」

持ち込まれる原稿の4割は文芸作品だ。しかも詩と小説が半々ぐらい。詩集を出したいという人が意外と多い。残りの6割は自分史や身辺エッセイ、評論などだ。

「20代の人は、小説で身を立てたいという人が多い。『定職に就いてしまうと書けなくなるので』といって、フリーターを選ぶ人もいます。中高年は自分史。闘病記だったり、高齢者は戦争の思い出だったり。さすがに中高年で『ぜひプロ作家になりたい』という人はいませんが、でも誰しも『あわよくば』という気持ちはあるし、『書く才能を開花させていれば、こんな人生じゃなかったのに』と思っている人もいます。若い人は現実体験が希薄ですから、そのへんはストレートに『オレには才能があるし、作家になれる』といいますね」とKさんは言う。

文芸誌の新人賞に応募したり、一般の出版社に原稿を持ち込んだことがある人も多い。賞に落選しつづけ、持ち込みで何度も断られ、ようやく自費出版会社で「企画出版は無理ですが、このまま埋もれさせてしまうのは惜しい。あなたにはキラリと光る才能があります」といわれると、コロリときてしまうのかもしれない。自己愛の強い現代人は、認められること、リスペクトされることに異常なほど価値をおくから。そのため、褒めてくれた編集者に「こんど指輪を買ってあげる」などといったり、なかには「クルマを買ってあげよう」と口走る客（著者）もいたり。まるで冗談のような世界である。

思い込みの激しい人が多いからか、たまにトラブルもある。いちばん多いのは、書店に並んでない、というものだ。各社は書店で流通することを最大の売りにしていて、書店での棚確保のためにさまざまな営業努力をしているが（提携する書店に本を並べ、売れ残った本は出版社が定価で買い取るという出版社もある）、それでも絶対確実に並ぶとは断言できない。特別に契約を交わした書店でも並べ忘れや補充忘れがあるし、そもそも著者がイメージする「書店に並ぶ」と書店が考える「店頭に並べる」との隔たりが大きい。著者は「書店に並びます」といわれると、片山恭一や林真理子の新刊の隣に自分の本が高く平積みされる光景を思い浮かべるかもしれないが、書店からすると店の奥の隅の方に棚差しにしても「並べた」ということになる。最も始末に悪いのは親戚や友人知人に「本を出した」と自慢し、友人知人が「書店に行ったけれどもなかった」という場合。著者からすると「面目丸つぶれ。恥をかいた」ということになるが、本当になかったのかどうかはわからない。

いまKさんは自分で自費出版ビジネスを興す準備をしている。自費出版会社を辞めたけれども、自費出版そのものには魅力があるという。持ち込まれる大量の原稿の中から、本物の才能を見つけ出すことに意義と喜びを感じている。実際、かつてKさんが担当した書き手のなかから、その本が大成功し、人生を変えた例もある。共同出版／協力出版の費用はけっして安くはないが（出版社側の利益が適正なものかどうかもわからないが）、たとえばクルマ1台を買うことと比べると、書き手にとってはムダではないかもしれない。

●

共同出版／協力出版の流通はどうなっているのか。ある中堅取次の話を聞いた。取次では、その本が企画出版なのか、共同出版／協力出版なのか、自費出版なのか、出版形態を問うことは基本的にない。仕入れ窓口では、現物を吟味して、どれくらい売れるかを予測し、適正と思われる数量を仕入れる。当然、著者が有名で宣伝にも力を入れるならたくさん仕入れるし、そうでないならそれなりに、となる。

ある大型書店からは、「共同出版／協力出版の本には、その旨、表示して欲しい」という声もあった。ただでさえ新刊点数が多くて困っているのだから、できれば共同出版／協力出版の本は受け入れたくない、という意味である。流通の現場からは、自費出版はあまり歓迎されていないようだ。

その一方で、一般の出版社から出る新刊書も粗製乱造はなはだしく、内容でいうと素人が共同出版／協力出版で出すものと五十歩百歩ではないのか、という意見もある。背景にあるのは「文学のカラオケ化」だ。

「文学のカラオケ化」とは、文芸評論家の斎藤美奈子氏が『読者は踊る』（マガジンハウス、1998年）で使った言葉。小説を読まずに小説を書きたがる、あるいは小説を読んだからこそ「こんなものでいいんだ」と思って書きたがる、そういう風潮をからかったのである。

文芸誌『すばる』の長谷川浩編集長に、昨今の新人賞事情について聞いた。『すばる』からは2004年、金原ひとみ（すばる文学賞、芥川賞ダブル受賞）という大スターが生まれている。長谷川さんに話をうかがったのは、ちょうど2005年のすばる文学賞の応募を締め切ったところで、まだデータも出ていない時期だった。それでも応募総数は史上最高で、同賞の応募は例年の5～6割増しになりそうだという。やはり「金原効果」なのだろう。

「以前、『すばる』で賞の下読みの人の座談会をやったとき、小説を読まないのに小説を書きたい人が増えている、という話が出ました。また、書きたい人が増えているという話は、3年ほど前に大学の先生からよく聞かされました。ただ、まったく小説を読んだことがないのに、箸にも棒にもかからないような作品を書いてくるような人は、最近は減っているように思います」と長谷川さんは言う。

ただ、文芸誌を読まずに『公募ガイド』など懸賞情報誌を読んで応募してくる人は多い。なにしろ日本雑誌協会で公表している文芸誌各誌の印刷部数は、それぞれ8千部から1万2〜3千部。読者数に比べると応募者数は異常に多い。「雑誌に応募券をつけたら?」というのはよくある冗談だ。

ここ最近の傾向としては、低年齢化がある。15、16歳で、それなりに読ませる作品を書いてくる人がいる。選考の過程で、たとえば70点の作品なら、年齢を知るとそれが80点に底上げされることはあるという。しかし今のところ候補作になるほどすぐれた作品は出ていない。

「それとは逆に、今年は年齢の高い人の応募が多いようです。リストラされたサラリーマンが自分史的な作品を書いてくる。年齢が高い人はそれなりに文章もうまいし構成に破綻もないけど、なかなか選考を突破するだけの魅力はありませんね」

出版社にとって新人賞というのはたいへんお金のかかるものだ。選考委員や下読み担当者に払う謝礼に始まり、受賞式の費用まで含めると数千万円のお金がかかる。しかも、受賞作を本にしたからといって、必ずしも売れるとは限らないし、デビューした作家が全員プロとしてやっていけるわけでもない。下品ないいかたをすると、意外と歩留まりの悪い世界なのだ。

よく「読まずに書く人が増えている」と言われる。たとえば漱石や鷗外すら読まずに新人賞に応募する人が増えている、という意味だ。ある出版社のベテラン文芸担当編集者は、「岩波文庫の緑帯と講談社文芸文庫ぐらいは読んでから書いて欲しい」と語る。しかし、新人賞の選考委員もつとめるある作家は、「いや、むしろ読みすぎているのではないか」と話す。特に同時代の日本人作家の作品を読みすぎているのではないか、と。彼が言うには、現在、中堅で活躍する作家の多くは、同時代の日本人作家のものなどほとんど読まなかった。しいて読んだものといえば、現代の海外文学だったという。

無論、「読まなかった」という言葉を額面通りに受け取ることはできない。かつては同時代の日本人作家の作品を読むことが恥ずかしいとされるような空気があったのだから。そのへんは割引いて考える必要があるにせよ、読むことと書くことにそれほど密接な関係はないのかもしれない。

前回報告したように、本の販売額・販売部数は減り続けている。「読みすぎる」作家志望者が増えているにもかかわらず。そう考えると、出版不況、とりわけ文芸不況は、目に見えている以上に深刻なのかもしれない。

それでも作家になりたい人は増え、共同出版／協力出版というビジネスが栄える。しかし、読みたい人を増やす仕掛けはない。かくして出版点数は増え、ますます本は売れなくなるというわけである。

［2005年6／7月号］

この記事を書いた前後から、自費出版会社に関するさまざまな問題が明らかになってきた。大きかったのは碧天社の倒産だ（06年4月）。出版社の倒産は珍しくないが、自費出版会社の場合は客から金を集めての倒産だから一般の出版社とは被害の規模が違う。碧天社から本を出そうとしていた人は、本は出ないしお金も返ってこないという状況に陥ってしまう。姉歯マンションを買って「家は住めない、ローンだけが残った」というのと同じようなものだ。

また、07年7月には、「全国の書店に並ぶと言ったのに、並んでないじゃないか」と怒った著者たちが新風舎を相手に訴訟を起こした。インターネットで「自費出版」「文芸社」「新風舎」などのキーワードで検索すると、「被害」を訴える文章が山ほど出てくる。08年1月に新風舎が倒産したのは、そうした悪評が広まったのが原因だ。

自費出版のすべてを否定するつもりはない。出版の自由は誰にでもある。だがその「自由」に付け込んだ、いわゆる「共同出版」という方法には大いに問題がある。

以前、ラジオ番組でこの問題を伝えた時、キャスターから「では、自費出版したい人はどうしたらいいですか?」と訊ねられた。私は、「まず近所の印刷屋さんに相談してみては?」と答えた。

自費出版の手伝いをしてくれる印刷会社は多い。ただし編集機能がないところがほとんどなので、校正などは自分でやらなければならない（自費出版会社の編集能力も期待できないという声もある）。町の印刷屋に頼めば、紙代はいくら、印刷代・製本代はいくら、と費用の内訳もわかる。だいいち、うんと安く上がる。親戚や友人に配るのなら、これで十分だろう。どうしても書店に並べたいと思うなら、1軒1軒、自分でお願いして回ればいい。「これは売れる」と判断すれば置いてくれるし、だめなら断られる。断られるような内容の本は、たとえ自費出版会社から「共同出版」で出ていても、売れないことにはかわりない。文芸社や新風舎の名前で出ているからといって売れるものではない。自費出版会社にそのようなブランド力はないし、むしろマイナスに作用する可能性のほうが大きいかもしれない。

「共同出版」はお金の流れがブラックボックス化している。客（著者）は、「出版社と著者が費用を折半している」と思っているが、現実には客が全額負担してさらに出版社にマージンを払っている。

客が満足しているのだからいいではないか、ということもできるが、だったら高齢者を狙ったリフォーム商法だのマルチまがいの健康布団だのもいいということになってしまう。悪質商法の悪質たるゆえんは、客の判断力不足や知識不足につけ入るところであり、会社と客との情報の非対称性であるとか、客をその気にさせるマニュアルであるとか、あるいはいろんな賞を作って客を集めることなど、かなり似ているのではないか。

もっとも、通常の出版だって五十歩百歩じゃないか、という意見もある。大手出版社から出ている本だって、著者は自分の本のコストの内訳を知らない。紙代・印刷代・製本代にいくらかかったのか、それが高いのか安いのかも知らない。装幀家に払った原稿料や帯文を寄せてくれた人に払った原稿料も知らない。重版以降はコストが下がるし、一度に刷る部数が増えれば増えるほどさらにコストは下がるが、それだって知らない著者は多い。私は元編集者だからおおよその見当はつくけれども、本を出すたびに詳細な明細を確認するわけではない。

また、名の通った出版社から出ている、いわゆる「企画出版」の顔をした本でも、現実には著者が一定部数を買い取ったり、団体からの助成金がついているものが少なくない。企業の経営者が書いた（ことになっている）本は、その企業がごっそり買い取る。実用書の著者に××教室の主宰者が多いのは、生徒たちに半強制的に買わせることを見込んでいるからだ。「企画出版」は出版社がリスクを背負うといっても、現実にはさまざまな形でリスクを分散している。

だが、流通の側からすると、「共同出版」は困ったものだ。現在のシステムは「企画出版」の本だけが流通することを想定して作られている。出版物はリスクを負うことによって、そのクオリティを保証しているようなものだ。だから出版社が取次を経由して納品してきた本に書店は代金を支払う。委託配本システムは、出版社によるクオリティの保証と書店・取次の信用がベースにある。

ところが「共同出版」では出版社のリスクはなく、クオリティの保証もない。本来ならば書店にとって信用できないものなのだが、そこのところは曖昧なまま流通している。いわば自費出版ビジネスとは、委託制という既存の出版流通システムにパラサイトしたものだといえる。

もし仮に再販制度と委託制がなくなったら、自費出版ビジネスとブックオフのビジネスモデルは崩壊するだろう。自費出版ビジネスは、出版社が（というよりも取次を核とした出版流通システムが）担保している信用が失われることによって崩壊するだろうし、ブックオフは定価という制度がなくなれば値付の根拠を失ってしまうからだ。逆に言うと、自費出版ビジネスとブックオフは再販制度・委託制が生んだ徒花である。

03 ネット発の本

ここ数ヶ月、新聞や雑誌から「ブログ本が増えていることについて、どうお考えですか？」とコメントを求められることが多い。きっかけは『電車男』（新潮社、2004年）の大ヒットだ。『電車男』が売れはじめると、『実録鬼嫁日記』（アメーバブックス、2005年）や『今週、妻が浮気します』（中央公論新社、2005年）など、ネット発の本が次々と登場し、これらもよく売れた。たまたまブログが話題になっていたこともあり、これらをみな「ブログ本」と総称している人もいる。しかしこの中でブログから生まれたのは『実録鬼嫁日記』だけである。

『電車男』は巨大匿名掲示板の2ちゃんねるから誕生したものであり、したがってブログ本ではない。2ちゃんねるに書き込まれた一つの文章をきっかけに、不特定多数のさまざまな人が書き込み、その書き込みによって最初に書き込んだ人＝電車男が行動し、その行動についてまたさまざまな人が書き込んだ。仕掛け人がいるとか、虚構だとか、さまざまな噂は当初から流れていたが、いずれにせよ不特定多数の人の書き込みによって成立した。それがあたかも恋愛小説のようになったのは偶然の結果にすぎない。

『今週、妻が浮気します』はQ&Aコミュニティサイトから生まれ、これもブログ本ではない。質問（相談）を書き込むと、読んだ誰かが答えを書き込む。掲示板に似ている。

ブログとはウェブログの略で、一言でいえば従来のｗｅｂ（ホームページ）の簡略版というか、ＢＢＳ（掲示板）との中間のような性質を持つ。あらかじめフォーマットが用意されているので、ｗｅｂサイトのようにいちいちデザインしたりそのために勉強をする必要がない。

さて、冒頭の「ブログ本が増えていることについてどう思うか」という質問に対して、私は次のような趣旨のことを答えた。

まず、ネット発の本はかなり前からあること。たとえば田口ランディはインターネットの登場以前、パソコン通信の時代から活躍していた。ペンネームもその当時のハンドル名をそのまま使っている。インターネット時代になり、彼女はエッセイを無料のメールマガジンとして発信するようになった。それに注目して、編集者が1冊の本にしたのが、『スカートの中の秘密の生活』（洋泉社、１９９９年）や『もう消費すら快楽じゃない彼女へ』（晶文社、１９９９年）である。さらにそれに注目した編集者が小説の執筆を勧めて『コンセント』（幻冬舎、２０００年）が誕生した。

田口の『もう消費すら快楽じゃない彼女へ』を作った編集者は、山形浩生の『新教養主義宣言』（晶文社、１９９９年）も作っている。これは山形が自分自身のｗｅｂサイトで発表したコラムを集めたものだ。

２００３年の大ベストセラーになったYoshiの『Deep Love』は、当初、携帯電話のサイトで発表された。女子高生のあいだで話題になり、まずは自費出版。次にスターツ出版から一般流通ルートにのる形態で刊行された。これもまたネット発の本といっていいだろう。

あるいは最近の純文学シーンで最も人気のある作家の一人である川上弘美も、デビューはパソコン通信による文芸を対象にしたパスカル短篇文学新人賞である。もしかしたら現在の彼女にはそんなイメージはないかもしれないが、彼女もまたネット発、あるいはコンピュータ発の作家なのだ。

糸井重里が主宰するサイト「ほぼ日刊イトイ新聞」からは、『オトナ語の謎。』（２００３年）や『言いまつがい』（２００４年）をはじめ、たくさんの本が誕生している（「ほぼ日ブックス」と総称している）。その発行元も、ときには糸井重里自身の会社、東京糸井重里事務所であり、ときには朝日出版社やぴあである。

このように、『電車男』以前からネット発の本はたくさん出ていたし、いまやネットは出版産業にとって欠かせないものとなっている。たまたま『電車男』という、ＢＢＳのスクリーン画面をそのまま使ったような体裁の本が売れているので、急にネット発の本が増えているように錯覚しているだけだ。もともとネット発生のころから、あるいはパソコン通信の時代から、コンピュータと本は相性がよかったのである。

「ブログ本が増えていることについて」という質問には、ざっと以上のようなことをコメントした。

そもそも、書き手にとってみれば、紙の書籍・雑誌もインターネットも、アウトプットの形態が違うだけで、インプットはまったく同じである。ワープロ／パソコンの登場は、書き手の負担をかなり軽くした。高村薫のように、もしワープロがなかったら作家になっていなかったかもしれない、という人もいる。その意味では、書くこととインターネットはもともと親和性が高かったのであり、ネット発の本が増えるのは当然のなりゆきかもしれない。

アメーバブックスはIT広告会社のサイバーエージェントが作った出版社である。サイバーエージェントは知名度こそライブドアや楽天に及ばないが、この業界の雄のひとつ。社長の藤田晋は女優・奥菜恵の夫としても知られる。なにしろ自分のエッセイ『渋谷で働く社長の告白』（アメーバブックス、2005年）の帯に「奥菜恵の夫」と入れているぐらいだ。と書いていたら、なんと二人は離婚してしまって、その離婚についても自分のブログで発表している（これじゃあ女性週刊誌の記者たちは商売あがったりではないか）。

サイバーエージェントはメールマガジンの配信代行のような業務をしている。メールマガジンの発行者から原稿を受け取り、それを登録している読者に発信するのだ。扱っている膨大なメールマガジンの一つに「文学メルマ！」があった。作家の山川健一が主宰する、文字通り、文学についてのメールマガジンだった。アメーバブックスはその発展的形態といえる。メールマガジンの発行のかわりにブログを開き（ブログの場合、何といえばいいんだろう。設置する？　作る？　主宰する

?)、そこに書き込まれたさまざまなテキストを再編集して書籍として発行する。編集担当の取締役には山川健一が就いた。

アメーバブックスがスタート間もないころ、山川健一に話を聞いた。山川はコンピュータやインターネットに早くから注目してきた人で、『マッキントッシュ・ハイ』(幻冬舎、1996年)という著作もある。その山川が、コンピュータ、インターネットとの出会いに次いで衝撃を受けたのがブログだったと言う。誰もが簡単に書き込め、情報の発信者になれる、その敷居の低さにロックエイジの山川は、たとえばロック少年がギターを手にしたような感動を覚えたのだと語った。

アメーバブックスは設立の当初からブログ発の本を目的としているので、あらかじめブログの規約で、著作権などの扱いについて細かく定めている。ブログに書き込んだ場合、その著作権はアメーバブックスに帰属することになる。だからブログから本にする場合も、権利関係の調整をしやすい。初めから書籍化を前提としてブログを作るのはアメーバブックスが初めてかもしれない。

ところで、なぜアメーバブックスは最終的に紙の本にするのだろう。ちょっと考えると不思議なことだ。ブログ発ならブログで完結してもいいではないか。閲覧者の数も、ブログのほうがはるかに多い。もちろん本にすればお金になる、ということはある。しかしそれは売れればという仮定の話。既存の出版社でも書籍出版専業のところの多くは青息吐息の状態だ。その疑問に対して山川は、紙の本ならではの魅力を挙げる。物理的に手にできること、形があり重みがありインクの匂いがする――つまり五感に直接訴えてくる力がある。それはネットの訴求力とは異質のものだ。フェティッシュな魅力といってもいいだろう。形あるものが全国の書店や図書館に並ぶ。「やっぱり紙の本には、他に替えられない魅力があるんだよ」と山川は熱っぽく語った。むろんそこには紙の本で育ち、自分自身も紙の本の世界で活躍してきた山川ならではの感覚があるにせよ、やはり「ネットよりも紙の本」という思いはネット界に共通のものかもしれない。

なお、当初アメーバブックスは取次を通さない流通を行なっていた。しかし、売れるタイトルが続くようになると全国の書店からの注文に応えなければならず、自前の流通では限界が出てきた。そこで、山川が懇意にしている幻冬舎を通じて、取次を使った流通に変えている。

●

既存の出版社でもネット発の本が増えている。それは先に述べた田口ランディや山形浩生の本の場合のように、編集者がネット空間にあるテキストを集めて編集して本を作る、という形だけでなく、紙の本を作ることを前提にネットで文章を発表するようなケースも増えている。その場合、出版社のwebサイトが発表媒体となることが多い。

出版社のPR誌から誕生した本、しかもベストセラーになった本は多い。赤瀬川原平の『老人力』（筑摩書房、1998年）は筑摩書房のPR誌『ちくま』に連載されていたエッセイであるし、原武史の『鉄道ひとつばなし』（講談社、2003年）は講談社の『本』から生まれた。PR誌は作家にとってはペースメーカー、編集者にとっては効率よく原稿を回収する口実となる。いきなり350枚の書き下ろしは難しくても（というか、そういう約束をしていても、つい目先の締切に追われて後回しになる）、ＰＲ誌で連載してまとめれば、あるいは連載でベースを作っておいて加筆すれば本にまとめやすい。売上に左右されず、返品も関係ないＰＲ誌は、編集者にとってはとても都合のいい連載媒体だ（彼らはよく「函《はこ》」といういいかたをする）。

いまではそれなりの企業なら自前のｗｅｂサイトを持つようになった。出版社も例外ではない。ｗｅｂをＰＲ誌がわりにしている出版社もあるし、ＰＲ誌をｗｅｂに移行する出版社もある。草思社はＰＲ誌の「草思」を休刊し、ｗｅｂマガジンの「ｗｅｂ草思」に移行した（「ｗｅｂ草思」は２００７年12月休刊）。「草思」は内容的に濃い雑誌だったので惜しむ声は多いが、ｗｅｂマガジン化してもその濃さにかわりはなく、いつでも誰でも（ただしパソコンさえあれば）読めるようになったのはいいことだと思う。写真家鬼海弘雄の写真＆エッセイ「東京ポルカ」などは、パソコンのモニターで見る写真がとても美しい。

私が書いた『恥ずかしい読書』（ポプラ社、２００４年）もｗｅｂマガジンでの連載が元になっている。ポプラ社のｗｅｂマガジン「ポプラビーチ」で連載した。この本がどのように成立したかを明かすと、私は書き下ろしの本の場合も、１週間に一度とか2週間に一度、編集者に会って直接原稿を渡すようにしている。いっぺんにまとめて書けないのと、原稿を渡すときの雑談が私と編集者双方にプラスになると考えてのことだ。これは書き下ろしの仕事を引き受ける際の条件にしている。『恥ずかしい読書』の場合も、２週間に一度、編集者に原稿を渡すことにしていたのだが、その原稿をポプラビーチに転載（というのだろうか、こういう場合も）したいといわれた。私もおもしろそうなので「どうぞ、どうぞ」と返事をしたわけである。単行本にするにあたって、丸善の本棚工場を訪ねたり、日大医学部やヤマギワを訪ねたりという章を書き足したが、私にとっては通常の書き下ろし単行本を作るのとまったく同じ感覚だった。私と同時期にポプラビーチで連載していてその後単行本になり、話題になったものとして、角田光代と岡崎武志の『古本道場』（ポプラ社、2005年）がある。

●

こう考えると、書き手にとっても編集者にとっても、ネットと紙の本の境目はかなり曖昧になってきている。ただ、webの場合は締切も掲載スペースの限度もあってないようなものだから、編集にはそれなりの苦労がある。じつは私が出版社のwebに連載するのは「ポプラビーチ」が初めてではなく、筑摩書房の「webちくま」にもエッセイを書いていたことがあった。ところが私も担当者もともにルーズだったため、だんだん更新間隔が長くなり、とうとうフェイドアウトしてしまった。ネットのほうが自由度は大きいが、自由であることは自分で律しないとダメになってしまう（と教訓のように思った）。

2005年7月、ヤフーが文学賞を創設した。ネットで小説を公募し、ネットでの一般投票で選考し、作品は電子書籍として出版する。募集から出版まですべてをネット内で完結させる文学賞は初めてかもしれない。もっとも、ネット投票だけでなく、作家の石田衣良による選考委員特別賞もあるし（選考委員は毎回変わる）、受賞作は小学館の文芸誌『きらら』にも掲載されるから、既存の出版界、紙メディアとまったく関係がないわけではない。そもそもヤフーの親会社であるソフトバンクは、パソコン関連の出版社としてもスタートしたのだから、これも広い意味ではアウトサイダーではなくインサイダーである。

このヤフーには文学に関する膨大なサイトが登録されている。オンラインで発表される小説や詩、児童文学などものすごい数にのぼる。これにエッセイや紀行文、日記的なものも含めると、とうてい読み切れるものではない。評論やレビューなども大量にある。ネットとの親和性からか、やはり多いのはSFやファンタジー的な読み物だ。

発表されている作品のほとんどは稚拙で、書店に並ぶようなレベルのものはほぼ皆無といっていい。編集者の目を通っていないので、表記や言葉づかいの初歩的なこともわかっていない書き手が多い。それでも各サイトのカウンターを見ると、アクセス数が万を超えているものがざらにある。プロが書いた書店で売っている本よりもよほど見られている（読まれているとは限らないが）。ネットの力は大きい。

こうしたアマチュアのネット作家たちから、プロの書き手が生まれるかどうかについては、懐疑的な編集者が多い。作家は作品を書くだけでなく、作品を社会に提示しなければならない。ネットはその敷居を低くしたが、それだけに提示してもなんのインパクトも持たないものも多い。冒頭に名前をあげた田口ランディにしても、広告代理店の経営者として、あるいはライターとしてすでに業界内で知られていて、メールマガジンでエッセイを配信するようになったのはその後だ。山形浩生も東大に在学中からSF研究者として知られていた。まったく無名のアマチュアが自分のｗｅｂサイトでコツコツと作品を発表しても、それが編集者に発見されてプロになる可能性はほとんどない。

評論家の福田和也が坪内祐三との対談、「これでいいのだ!」(『週刊SPA!』扶桑社、2005年7月12日号)で「ネットの文章って、最初に編集者を『ダマす』という行為を通過してないでしょう。学生によく言うんだけど、編集者一人ダマせないのに、読者をダマせるわけがない。プロを目指すんなら、原稿料にならない文章をネットにだらだら書かないほうがいいね。ネット経由で一発当てる人もいるけど、長くやっていけるとは思えない」と発言している。私も含めて、出版界でこう考える人は多いだろう。

プロ作家、あるいは編集者にとって、ネットは利用価値のある「畑」のようなもの。だが種も収穫された作物も、紙の本なのである。少なくとも当面は。

[2005年8/9月号]

●附記

取次各社が発表した2007年上半期(06年12月から07年5月)のベストセラー情報によると、文芸書の上位10作のうち6作がケータイ小説だった。ケータイ小説圧勝である。しかし、ある新聞の文化部の記者に「どういうことなんでしょう?」と聞くと、読者層も読まれ方も少女漫画と同じなのに文芸書に分類するのがいけない、と言われた。なるほど。ケータイ小説はケータ

トーハン2007年上半期文芸書ベストセラー

出典＝「2007年上半期ベストセラー(2006年12月〜2007年5月)」トーハン調べ

		書名	著者	出版社
1	★	赤い糸(上)	メイ	ゴマブックス
	★	赤い糸(下)		
2	★	もしもキミが。	凛	ゴマブックス
3		一瞬の風になれ(1)	佐藤多佳子	講談社
		一瞬の風になれ(2)		
		一瞬の風になれ(3)		
4	★	純愛	稲森遥香	スターツ出版
5		DDD Decoration Disorder Disconnection (1)	奈須きのこ	講談社
6		東京タワー	リリー・フランキー	扶桑社
7		ひとり日和	青山七恵	河出書房新社
8	★	クリアネス 限りなく透明な恋の物語	十和	スターツ出版
9	★	翼の折れた天使たち 星	Yoshi	双葉社
10	★	永遠の夢	百音	竹書房

★はケータイ小説

コミックス／コミック誌推定販売金額

出典＝『2009 出版指標年報』社団法人全国出版協会・出版科学研究所

年	コミックス(億円)	コミック誌(億円)
1992	2,191	3,201
1993	2,410	3,314
1994	2,520	3,325
1995	2,507	3,357
1996	2,535	3,312
1997	2,421	3,279
1998	2,473	3,207
1999	2,302	3,041
2000	2,372	2,861
2001	2,480	2,837
2002	2,482	2,748
2003	2,549	2,611
2004	2,498	2,549
2005	2,602	2,421
2006	2,533	2,277
2007	2,495	2,204
2008	2,372	2,111

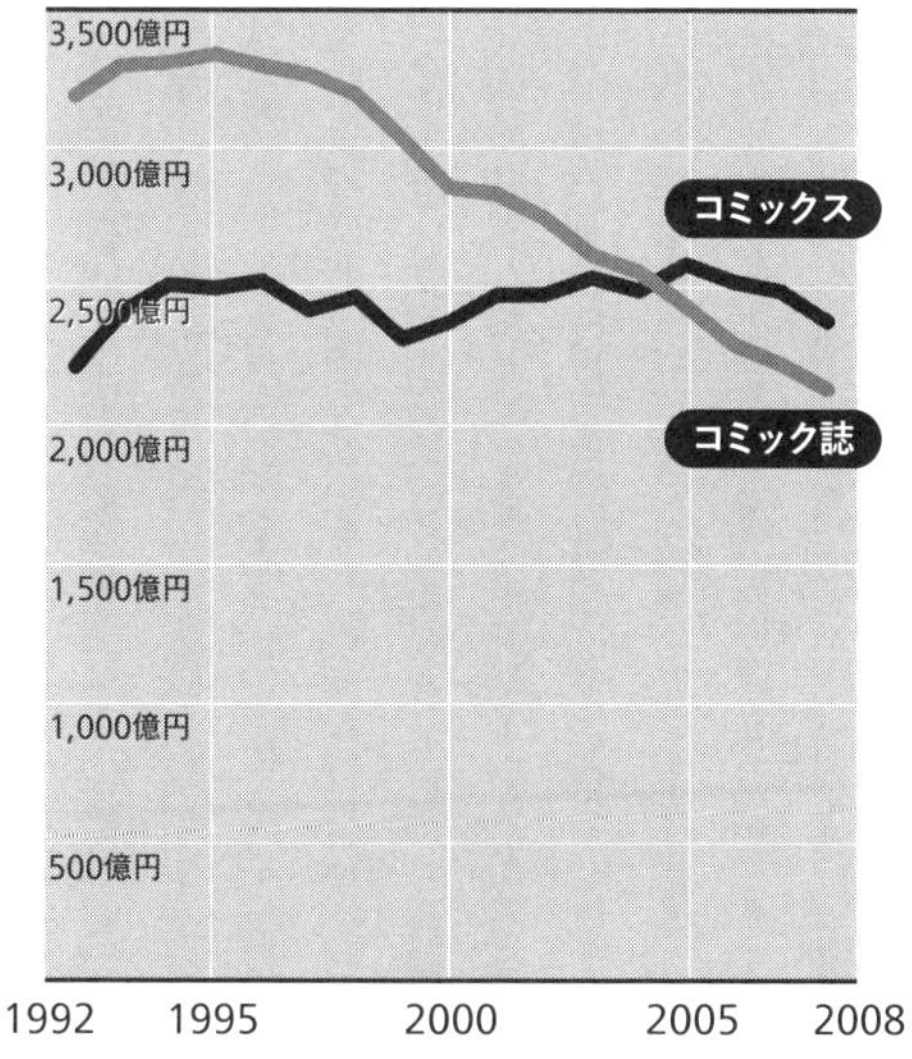

イ小説であって、従来の文芸書とは違うものかもしれない。ケータイ小説は女子中高生だけが読む特異なジャンルである。

正直いって、ケータイ小説を読むのは辛い。文章は拙く、特に比喩は紋切り型だ。プロットも陳腐。登場人物が中高生なのに、飲酒、喫煙、セックスが描かれ、レイプや妊娠、中絶もある。主人公の恋人や親友が都合よく死ぬ。

ケータイ小説の多くは1冊千円程度のハードカバーである。上下2巻本の場合もある。中高生にとって本に千円払うのはかなり勇気がいることだと思う。それを払わせてしまうのだから、ケータイ小説の力はすごい。

ケータイ小説は地方でよく売れている。それも「東京の女子高生のあいだで話題になっている」という理由によって。しかし東京の書店では売れていない。ほとんど幻想で成り立っているようなビジネスである。女子高生のスカート丈が都心から遠ざかるにつれて短くなるのと似ているのかもしれない。もっとも、ケータイ小説の読者は東京=中央に関心がなく、地方の、自分がおかれた状況に満足しているとも言われるが、どうなのだろう。

ケータイ小説を読んでいると「こんな下らないもの！」と罵りたくなるが、しかしノベルス版で大量生産されるミステリーであるとか、文庫本の官能小説も似たようなものである。西村京太郎の旅情ミステリーが出れば必ずランキングリストの上位に入るのと、ケータイ小説が売れるのは似たようなことかもしれない。ケータイ小説は女子中高生しか読まないが、西村京太郎の読者だってかなり限られているだろう。

ただ、西村京太郎は何作も書きつづけているが（毎月1冊のペースで出ていたときもある）、ケータイ小説の作家で2作目以降もコンスタントに出ているのはYoshiぐらいしかいない。紙の本であれば、1作がヒットすると、その後はさほど売れなくてもなんとか本を出し続けられるのと対照的だ。ブログ本でも1作目が好評だったからといって2作、3作と続く人は稀だ。あんなに話題になった『電車男』だって、その後はない。

ネットと本というと、ついケータイ小説やブログ本のような「文字もの」のことを考えてしまうが、漫画誌こそネットに移行するかもしれない。これは夏目房之介さんに教えてもらったことだが、韓国ではネット上の漫画誌が盛んで、ネットで好評だったものが紙の漫画で刊行されるというサイクルができている。韓国はIMF危機（1997年）で出版インフラが壊滅状態になったため、ネットへの移行は日本より進んでいる。日本でも漫画誌は年々売行きを落としていて、とうとうコミックスとの売上額が逆転してしまった。それでも新雑誌の創刊が続いているのは、雑誌は赤字でもコミックスで回収できるから。この雑誌の部分をネットに移行してしまえば、出版社はかなり楽になる。漫画でもやはりネットは「畑」なのだ。

04 ライターの事情

1冊の雑誌にはさまざまな人間が関わる。編集者、著者、写真家、イラストレーター、デザイナー、校正・校閲者。なかでも雑誌の記事のかなりが、フリーライターによって書かれている。署名記事の場合もあるが、まったく無署名の場合も少なくない。

freewriterという英語はない。和製英語である。どこにも所属しない、フリーランスの書き手、という意味だ。出版界ではふつうに使われる言葉だけれども、一般にはそれほどでもないかもしれない。職業を訊かれて「フリーライターです」と答えると、フリーターと勘違いする人も多い。もっとも、フリーライターとフリーターに、本質的な違いはない。

フリーライターの輪郭は曖昧だ。私の場合、評論家とか書評家、文芸評論家、あるいはルポライターと紹介されることもある。出版産業について書くことも多いので、出版ジャーナリストといわれることもある。以前、アメリカの新聞記者に職業を訊かれ、仕事の内容を説明したら、「ああ、ジャーナリストね」といわれた。だが、日本でジャーナリストというと、報道の第一線というイメージがあるから、どうもしっくりこない。

フリーライターの仕事の流れを簡単に説明しよう。まず、出版社（または編集プロダクション）から依頼がある。場合によっては、フリーライターの側から企画を持ち込む売り込みもあるだろう。私はこれまで持ち込みをしたことがないけれども、編集者と雑談していて、「こんなことをやってみたい」という話が依頼に結びつくことも多いので、依頼も持ち込みも似たようなものだ。依頼を受けることにすると、次は打ち合わせ。場合によっては、打ち合わせをしてから、その仕事をするかどうかを決めることもある。

打ち合わせが終わると、取材や調査をして原稿執筆の材料をそろえる。材料がそろったら構成を考えて原稿を書く。

仕事は連載もあれば、単発のこともある。単発でも同じ新聞や雑誌から不定期的に依頼されることが多い。フリーライターの仕事は雑誌だけではない。単行本の執筆をすることもある。それも自分の名前で発表するとは限らない。タレント本のほとんどは、本人ではなくフリーライターが書いたものだ。いわゆるゴーストライターである。私もそうした仕事を何冊かやっている。自分名義の本の何倍、何十倍と売れるので、いささか複雑な気分になる。本が売れるためには、まず有名にならなければならないのだ。

原稿料など報酬はまちまちだ。最近は依頼の段階で原稿料をはっきりと告げる出版社が増えてきたが、銀行に振り込まれて初めて金額がわかることが多い。よくライター講座などでは、「後々のトラブルを回避するためにも、原稿料は最初にきちんと確かめておきましょう」といわれる。が、私は自分から原稿料のことを訊ねないようにしている。ビジネスなのだから、事前に条件をはっきりさせておくべきだとは思う。しかし、以前経験したあることをきっかけに、原稿料については訊くまいと決めた。あることとは、某社の某編集者が、私の知人について「あの人はお金にうるさい人だから」というのを耳にしたのである。私の印象とかけ離れていたので詳しく尋ねると、たんに原稿依頼のときに金額や振込日を確認された、ということにすぎなかった。「安いからやらない」とか「もっと欲しい」といったわけではない。金額や振込日を確認するだけで守銭奴みたいな風評を立てられるぐらいなら、原稿料のことなど訊くものかと決めたのである。そもそも私は原稿料や印税は商品の対価というよりもお布施のようなものだと思っている。

フリーライターの生活は、ほかのフリーランスと同じく不安定である。今月は忙しくても、来月は仕事の依頼があるかどうかわからない。雑誌の連載はいつ終了するかわからないし、雑誌そのものが休刊することだってよくある。怪我や病気で仕事を休めば収入が減る。けっして体が丈夫とはいえない私がこれまでなんとかやってこれたのは、一つは妻が食生活に気を配ってくれたからであり（私は3食を自宅で食べる）、なにより無理をしなかったからだ。たとえ締切に間に合わなくても徹夜はしない。それによって信用を失い、仕事を失うかもしれないが、出版社や編集者は私の健康を守ってくれるわけでない。体を壊して仕事をやめたフリーライターは多い。

ふた昔前のように、フリーランスだとクレジットカードがつくれないということはなくなったが、アパートを借りるときには苦労する。ベテランのフリーライターやフリージャーナリストには、公営住宅に住んでいたり、親から相続した家があったり、配偶者が勤め人である人が少なくない。本人の才能や努力だけでなく、住居の心配がなかったことも、フリーランスで長く仕事をつづけられている理由のひとつではないかと思う。

フリーライターは日本に何人ぐらいいるのだろう。

「たとえば3千人という仮説を立ててみたりします」と樋口聡さんは話す。樋口さんはライターをはじめ編集者や校正者など出版界で働くフリーランスが加盟する労組、出版ネッツの副委員長である。樋口さん自身もフリーライターであり、編集の仕事もする。旅行作家、散歩写真家という肩書きもあって、最近、『散歩写真のすすめ』（文春新書、２００５年）という本を出した。

3千人という数はどうだろうか。雑誌の発行点数は5千点弱といわれ、フリーライターの執筆媒体としては、その他にPR誌やフリーペーパー、新聞などがある。また、週刊誌などでは1号に１００人以上の書き手が参加することもある。取材するデータマンと記事を執筆するアンカーマンに分業している雑誌だと、１本の記事に数人から数十人のフリーライターが関わる。雑誌以外に、前述のタレント本であるとかビジネス系自己啓発書などでもフリーライターが関わる。そう考えると、もっと多いかもしれない。

出版ネッツの結成は１９８７年。当初は出版社に勤めていたけれども解雇された人々が、争議を闘いながらフリーランスとして仕事をするようになり、出版ネッツがつくられた。最初のうちは零細出版社に勤める人も加盟していたが、やがて分離独立。90年代前半からは、フリーランスだけの労組となった。労組といっても、たとえば税務上は一人ひとりが個人事業者であり、フリーランス集団的な要素もある。労働組合のルーツを中世ヨーロッパのギルドに求める考え方もあるから、職能労働組合のもっとも原初的な姿といえるかもしれない。

樋口さんが出版ネッツに加盟したのは10年ほど前。出版社に勤めて雑誌の編集者をしていたが退職。フリーランスで仕事をしているときに、知人から誘われた。当時の組合員数は70〜80人程度だった。

フリーライターの待遇、原稿料や印税などをめぐる状況はどう変わっているのだろうか。

「作業委員会を作って、出版社やネッツの組合員ではないフリーランスにアンケートを取り、出版社はいくらで依頼（発注）しているのか、ライターはいくらで受けているのかを調べています。ある時期から価格破壊が進んでいるのを実感しますね」

価格破壊といっても、先月まで四百字原稿用紙換算（というい方を出版界ではよくする）5千円だったのが一気に3千円になる、というわかりやすい価格破壊ではない。Aさんが1枚5千円で受けていた仕事を、Bさんが3千円で受ける、という形で事態は進む。Aさんにとっては、それまでの仕事が終了しただけで、価格破壊という実感はない。このへんが情報を共有できない未組織労働者の弱いところだ。

「サンプルを集めれば集めるほど状況が悪くなっていって、なかなかアンケート結果を集計終了できません」と樋口さんは苦笑する。

単行本の印税率も下がっている。もっとも、印税率の低下がライターの収入減に直結するかどうかは解釈が分かれるところだ。

「印税率が低くても、発行部数が多ければ、ライターの収入は増えるわけです。印税率を抑えて値段を下げ、たくさん印刷するという考え方もできる」

アンケートの目的は、フリーランスの現状を把握し、出版社等に待遇の改善を求めていくために行なわれるのだが、逆の作用をもたらすこともあると言う。

「平均とか最低の金額が公表されると、それよりも高い料金で仕事をしている人が『もっと安くやっている人もいるんだから』と単価を引き下げられる可能性もある。一般にはそれが価格形成の趨勢なのですから。となると、何のためのアンケートか、ということにもなりかねない」と樋口さんは言う。

原稿料や印税率が低下する最大の理由は、出版不況が続いて出版社の経営が悪化しているからであるが、書き手の変化という要因も大きい。一言でいえば、書き手のアマチュア化である。たとえば大学の教員なり会社員なりが、自分の専門知識を生かした本を書く。本業ではないから、印税についてあまりうるさいことはいわない。名刺がわりに配ることもできるので、たとえ印税が現物支給でも文句はいわない。

「文章が粗削りでも、構成が未熟でも、テーマや視点が新鮮なら、編集者が手直しして本にすればいいわけですから。そういう意味では、文章のうまさなんていうのは求められてないのかもしれない」

インターネットの影響もある。いつのまにか「webは原稿料が安くてあたりまえ」「メルマガの原稿料はタダ」という情報が蔓延してしまった。そこにアマチュアライターがどっと参入する。本業はレコード店の店員だけど、音楽については面白い文章を書く音楽ライターであるとか、会社員だけど鋭い批評を書く映画評論家であるとか。読者にウケる文章をタダで書くアマチュアライターがいるなら、少しぐらい文章がうまいからといって原稿料の高いプロライターに仕事を依頼する理由はない。

もともとフリーライターという職業は輪郭が曖昧だったが、インターネットの出現によってさらにその輪郭が見えなくなってきた。

出版ネッツの組合員の平均年収はどのくらいなのかとたずねた。「200万円から400万円ぐらい」と樋口さんは言う。もちろん1千万円以上稼ぐ人もいれば、親の介護に忙しくてほとんど働いていないという人もいる。だが、年収200万円で生活するのはかなり厳しいだろう。

●

出版ネッツはフリーライターの労働組合であるが、もう少しゆるやかなライター集団としてライターズネットワークがある。代表の大勝文仁さんは編集プロダクション、ビッグペンを主宰すると同時に、ビジネス書や自己啓発書をたくさん書いてきた。この夏には『ここで差がつくメモ術・手帳術』（こう出版、2005年）を出した。また、無料メルマガの「本を書こう。他では聞けないプロ達のマル秘ノウハウ」や有料メルマガ「3万部売れる本をあなたも出そう」を発行している。

「ライターズネットワークの結成は、公式には1993年発足ということになっています。でも、創立メンバーのなかには、91年ごろからあったじゃないかという人もいるし、もともとそんなにきっちりした団体ではないんですね」と言って大勝さんは笑う。

ライターズネットワークの創立者はノンフィクションライターで最近はスローフード、スローライフに関する著作も多い金丸弘美さん。ライター集団というよりも文字通りライターを中心にした連絡網のようなもので、当初から出版社や編集プロダクションの編集者も参加している。結成後、金丸さんがライター養成講座の講師をすることがあり、金丸門下の新人たちがどんどん入ってくるようになった。金丸さんはスローライフを実践するため、鹿児島県徳之島に移住して顧問となり、代表を引き継いだのが大勝さんというわけだ。大勝さん自身がライターズネットワークに参加したのは7年ほど前のことである。

「一時は会員数が120人ぐらいまで増えました。現在は100人ぐらいです」と大勝さんは話す。

「よく、ライターズネットワークの目的は何か、と議論されます。飲んでみんなで愚痴を言い合う遊びの会でいいじゃないか、という意見もあります。全員でとはいわなくても、ひとつの仕事をみんなでやるようなことがあってもいいじゃないか、という人もいます。著作権とかいろんな権利について対外的にもっとアピールすべきだという人もいますしね。どうも統一した見解というのがない。統一した見解がないというのが、10年以上長続きした理由ですね。これがただの飲み会だったら飽きちゃうでしょう」

入会金が千円で年会費は6千円。入会には役員1名以上の推薦と役員会の承認が必要だが、ほとんど拒絶されることはない。年度更新時期に会費を納入しないと、自動的に退会とみなされる。ライターズネットワークのサイトには会員紹介のコーナーがある。書き手を探している出版社や編集プロダクションの編集者は、このコーナーを見て、会員に直接アクセスする。

「サイト経由で成立した仕事について、ライターズネットワークにいくらかキックバックしろ、なんていうこともありません。そのかわり仕事は自己責任。倒産しかかったような出版社の仕事をして、原稿料が未払いになっても、自分で対処しなさいよ、と。サイト経由でどのくらい仕事がきているのか、会としては把握していませんが、これでずいぶん仕事が来ているという会員もいます」

新たに参加する会員は、まったくの新人よりもある程度仕事をしてきた人のほうが多い。キャリアがあるのにライターズネットワークに加わるのは、情報がほしいからだ。

大勝さんから見ても、フリーライターの収入は下がっていると言う。

「印税も減らされ、初版部数も減っています。たとえばゴーストライターをやると、10年前なら1冊150万円になった。それがいまは60万円。もちろんかかる手間は同じです。こうなるとゴーストライターで食べていくことはできません。僕のまわりにも、フリーライターを辞めた人が何人もいます」

大勝さんはフリーライターのｗｅｂサイトやブログをできるだけ見て回るようにしている。「悲鳴が聞こえてくるようだ」と大勝さんは言う。

フリーライターの経済状況が悪化する原因のひとつは、やはりインターネットによって増えたアマチュアの書き手ではないかと大勝さんも指摘する。

「プロのライターより面白いブログを書く素人がたくさんいます。出版社のほうも、そうした人に『ちょっと書いてみない？』と声をかけることが多くなっている。素人が本を出して、それが案外売れてしまうと、出版社は『もうプロのライターに頼まなくてもいいんじゃないか』と考えるようになる。そうやって素人が僕らを瀬戸際に追いやっている」

いま大勝さんが若いライターにアドバイスするのは、30代のうちに評論家になるか、編集プロダクションの経営者になること。言い換えると、フリーライターのまま40代に入ると将来は厳しいものになる。35歳限界説というのは、さまざまな業界でいわれることだが、フリーライターではことのほか現実味を帯びている。

ただ、この状態がいつまでも続くとは大勝さんも考えていない。

「出版点数が増えても、そのほとんどは粗製乱造で、ちゃんとお金を払って読むにたる本なんて滅多にありません。だから僕は、これはどこかで淘汰されるようになると思う。そこからはプロフェッショナルがあるテリトリーを持つ時代になるのではないでしょうか」

むしろ問題は、その時代が来るまで出版界が残っているかどうか、かもしれない。

［2005年10／11月号］

私は2005年の夏、有限会社を設立した。それまでの個人事業から法人になったわけで、いわゆる法人成りである。法人成りの諸手続や、法人になってからの経理業務などについて税理士の説明を聞いたり参考書を読んだりしていて、いかにフリーライターというものに経営感覚が欠如しているのかを痛感させられた。

たとえば「売上」が立つのはどの時点なのか。これまでの個人事業の感覚では、出版社や編集プロダクションから原稿料が振り込まれた時点で売上を計上するものだとなんとなく思っていた。だが、これだとまだ支払われていない原稿料はないことになってしまう。普通の商売であれば、受注契約が完了した時か納品したときに売上を計上するのだ。ところがフリーライターの仕事の場合、値段を決めないまま受注することが多い。納品のときもわからないままで、入金があって初めて値段がわかる、というか決まる。そこで、わが社では納品、つまり原稿を書いて出版社に送った時点で仮の売上を計上し、入金時にそれを補正するようにしている。といっても、実際に作業をするのは経理担当役員である妻なのであるが。

出版社・編集プロダクションの踏み倒しや倒産に備えて、仕事に取りかかるまえに原稿料や支払い日を決め、できれば契約書を交わすべきだ、という意見は昔からある。たしかに金額をはっきりさせておけば、経理上も未収金や損金として計上しやすいだろう。踏み倒しの抑制にもなるかもしれない。

だが、契約というのは双方を拘束する。出版社は契約通りに原稿料を支払わなければならないが、ライターも納期を守る義務が生じる。もちろん契約書がなくても、ライターは締切を守らなければいけない。しかしどうしても書けない時はある。そりゃあ原稿用紙の枡目を機械的に埋めるだけなら不可能ではないが、それなりの品質を保った原稿を書くにはアイデアだの気力だのが必要だ。契約書を交わせば、締切に遅れたライターが出版社の損害を賠償する、なんていうことにもなりかねない。ライターにとってどっちが得か。というよりも、締切までに書かないと損害賠償請求されてしまうなんていう緊張感のなかで原稿を書くのは楽しいか?

世の中、キッチリしていることも大事だが、いいかげんであることも同じくらい大事ではないか。

むしろライターも含めてフリーランス(写真家、デザイナー、イラストレーター、編集者など)がやるべきなのは、倒産しそうな会社や支払いがルーズな会社、踏み倒しそうな会社を見分ける感覚を磨くことではないか。ヤバそうな会社には近寄らない。リスクはできるだけ分散する。一般の会社だって新規に取引を開始するときは、相手のことをそれなりに調べるのがあたりまえではないか。たいていの場合、ライターの仕事は原稿料が後払いなのだから、それくらいの自衛感覚は持つべきだろう。

ライターの仕事は取り換え可能だ。私のところによく「×月×日に××さんのインタビューをお願いできますか」という電話がかかってくる。その日が空いていて、興味のある相手とテーマだったら引き受けるし、そうじゃなかったら断るしかない。「××日はふさがっています」と答えると、「そうですか、残念ですが、今回は」といって終わる。たぶん編集者は別のライターに電話するのだろう。私にかけてきたのだって、誰かに断られてのことかもしれない。ときには、「企画書を送ってください」というと、執筆者のところに別の人の名前が書いたままでであることもある。私も編集者だったころ、仕事を頼みたいライターのリストを作って、上から順番にあたっていった。

取り換え可能なのはライターだけでない。小説家だって似たようなものだ。昔、「大江健三郎を読みたい客に、品切れだからといって安部公房をすすめる書店員はアリか」という話題で友達と盛り上がったことがある。たしかに純文学の場合は代替不可能かもしれないが、娯楽小説ならどうか。新幹線に乗る前に車中で読む文庫を探すとき、いちばん読みたい作家Aの本がなかったので作家Bにした、なんていうことはありそうだ。表現物の唯一性と代替不可能性は、作家だけが信じているにすぎない。

昔、片岡義男さんと食事をしたとき、一緒にいた編集者が「片岡さん、締切ってどうしても守らなければいけないものでしょうか」と質問した。片岡さんは「守れるなら守るにこしたことはないが」と前置きした上で、「その原稿がどうしても大事なものなら、編集者は本や雑誌の発売日を遅らせてでも待ってくれるだろう。そうでない場合は、誰か他の人がその頁を埋めることになるだろう」といった。編集者にとっても、多くの場合、原稿あるいは作家は代替可能なものだ（ただし何年後かに片岡さんと食事したとき、この話をすると、「そんなことは言いませんよ。締切は守らなくちゃいけない」と言っていた）。

ライターの原稿料が値下がりしているのは、本が売れないことに加えて、ライター間の競争が激しくなったからである。市場への参加者が増えれば、ダンピングする者もあらわれるだろうし、それに引きずられて全体の値段も下がっていく。そこで出版社に対して原稿料の値上げを迫っても、根本的な解決にはならないように思う。編集者としては、次回からもっと安い値段で引き受けるライターに仕事を回すだけだ。

結局のところは、「原稿料は高くてもこのライターに依頼しよう」と編集者に思ってもらうような仕事をしていくしかないし、それには読者の支持という裏づけがなければならない。逆にいうと、読者の支持があって、編集者にも認められるようなライターにとっては、不況もダンピングもあまり関係のないことである。

と考えると、フリーライターが磨くべきなのは、経営（者）感覚であり、ヤバい取引先をかぎ分ける嗅覚であり、そしてなによりライターとしての力（取材力と文章力）しかないのではないか。

05 編プロのいま

新刊発行点数が増え続けている一方で、出版社は社員を減らしている。早期退職の奨励制度を導入したり、新卒採用を見合わせたり。大手出版社の年棒は50代なかばで1千万円以上だといわれるから、諸経費を含めると会社にとっては1人減るごとに2~3千万円以上の節約になる。人気の高い出版社は入社試験を行なうだけでかなりの費用がかかる。新卒採用を見合わせるだけで節約効果は数千万円、という会社もある。減収が続いても出版社がさほどこたえないのは、このリストラ効果が大きいからだ。

出版点数が増える一方での人減らし。さぞや個々の編集者は忙しくなっているかと思いきや、聞いてみると意外とそうでもないと彼らは言う。もともと編集者は忙しい。勤務時間も不規則で、休日出勤や徹夜も多い。その忙しさはずっと前から変わらない。

では人減らしと点数増大のギャップを誰が埋めているのか。

ハードにかかるコストの部分では、印刷会社や製本会社が埋めている。電算化が進んだこともあって、印刷業界のコストダウンはすさまじい。もっとも、業界全体に占める出版印刷の割合はごく小さなもので、コストダウンの圧力はむしろ広告業界などからのほうが大きいのだけれども。

そしてソフトの部分は、編集プロダクションやフリーランスの編集者が埋めている。

ふだんはあまり気にもとめないが、注意して書籍や雑誌の奥付をみると、編集プロダクションの名前が入っているものがけっこう多い。奥付にクレジットされていなくても、後書きなどに出てくることもある。出版不況下の点数増大、このパラドクスを支えているのは編集プロダクションなのだ。

編集プロダクションといっても、社長1人の小さな会社もあれば、編集者以外にライターやデザイナー、カメラマンまでかかえる、そこいらの出版社よりもはるかに大きな会社もある。

今回はパズル雑誌を得意とする編集プロダクションと、主に書籍を手がける編集プロダクションの、それぞれ社長にお話をうかがった。

●

編集プロダクション、スタッフプロモーションの設立は1987年。出版社に勤めていた多賀力さんが、同僚2人と始めた。パズル雑誌づくりでは最古参の編プロである。

「いつでも企画を持ってきてくれよ」

多賀さんがよく出版社からかけられる言葉だ。ただしその後には「売れそうな企画を」と続く。

「売れる企画がほいほい出てくるなら苦労はしないよ。彼らは『何の分野でもいい』と言う。

企画のハードルが低くなっていると思う」と多賀さんは話す。

低くなっているのは、企画のハードルだけではない。出版社の経営陣や営業担当者のレベルが下がっているのではないかと多賀さんは言う。その典型が二番煎じ三番煎じの企画の横行だ。

もともと出版界では「柳の下にはドジョウが何匹もいる」と言われてきた。ヒット企画があると類似企画がすぐに出る。続編、続々編も作られる。続編や二番煎じ本には経済的合理性があるのだ。正編やオリジナルを超えることはないが、確実にその何割かは売れる。前例のない全くオリジナルな本を作って大コケするよりも、二番煎じのほうが確実なのである。

ただし、ものには限度があるし、作り手にだって多少のプライドはある。が、その限度とプライドのレベルが、ずいぶんと落ちている。

比較的最近、スタッフプロモーションが手がけたパズル誌がヒットした。10万部を超え、返品率も低かった。すると半年後、そっくりな雑誌が十数誌出た。

出版社の編プロとの付き合い方も、この10年でずいぶん変わったと多賀さんは言う。かつての出版社は、編プロに協力を仰ぎながらも、全体の管理は自社で行なうことが多かった。それに対してここ最近はすべてをまかせる丸投げが増えている。

スタッフプロモーションがパズル雑誌の編集を始めた十数年前、競合誌は数誌しかなかった。いまは隔月刊や季刊、増刊なども含めると、いわゆる大衆パズル誌（プレゼント付きのパズル誌）は、約80誌。コンピュータでパズルを作れるようになったことも大きいが、とりあえず売れそうだと見るとどんどん参入してくる。

出版社はなぜ編プロを使うのか。内製化したほうが安く上がるのではないか。事実、コストダウンの一環として内製化、つまりライターに依頼していた原稿を編集者に書かせるようになった雑誌もある。なのになぜ？

この疑問に多賀さんは「目先の利益でしょう」と言う。たとえばノウハウのない出版社がパズル雑誌を創刊しようとすると、パズル作家の確保から誌面づくりまでゼロから始めなければならない。ノウハウを持った編プロに依頼したほうが早い。そして、その雑誌がうまくいかないとき、社内なら人事的処遇を含めていろいろ検討する必要があるが、編プロに依頼した仕事なら撤退も早い。機動性を持った彼らは、出版界の遊撃隊なのである。

では出版社の仕事をすることは、編プロにとってどんなメリットがあるのだろうか。多賀さんは次のように話す。

「基本的に編プロは受注産業なんですよ。出版はミズモノ、博奕です。いい本でも売れないときは売れないし、ひどいものでも売れるときは売れる。しかも、8対2から9対1の比率で、当たらないもののほうが多い」

出版社とはその博奕の部分を引き受ける会社である、ということもできる。

「ところが編プロは、企画を持ち込んで失敗しても、編集費は入ってくる。売れなくてもその損害は出版社持ち」

リスクが限りなく少ない。ただし、ローリスクがローリターンであることはほかのビジネスと同じだ。

編プロのなかには、出版社になるところもある。たとえばコミック大手の白泉社は、もともとは編集プロダクションとしてスタートした。また、出版社を子会社に持っている大手編プロもある。

「編プロが経営的に大きくなろうと思ったら、出版社になるしかないと思う。僕がそうしなかったのは、めんどうくさいから」

こう言って多賀さんは笑う。

多賀さんの「めんどうくさい」を丁寧に腑分けすると、スタッフプロモーションを出版社にして、対取次、対銀行、対社員などにいろいろ気を配らなければならない経営者になるよりも、一編集者として企画を考えたり著者の尻を叩いたりゲラのチェックをしているほうが楽しい、ということである。

ただ、編プロが置かれている状況は年々厳しくなっている。編プロの仕事は増えているのに、出版社との取引条件は悪くなっている。

「雑誌でも書籍でもこの10年で売上部数は半減している。昔は、単行本で1万部、文庫で3万部というのがひとつの基準点だった。雑誌でも10万部はそれほど難しい数字ではなかった。逆に言うと、それくらい売れる企画でないと、出版しなかった。ところが点数が増えて部数は半減した。出版社は本が商品だから、売れない本であれ、とにかく出さないとお金が回らない。これがPR誌などとの大きな違い。PR誌なら、会社の景気が良ければ続けるし、悪くなったらやめるだけ。出版社は景気が悪くてもやめられない」

やめられないから、二番煎じ三番煎じの本を作る。ますます売れない。悪循環だ。

売れる部数が半減したのだから、出版社から編プロに支払われる編集料も年々減っている。それでも編プロがやっていけるのは、ライターやデザイナーへの原稿料を減らすからだ。04ライターの事情の項でも述べたように、昨日まで1枚5千円で書いていたライターに「明日から3千円で」と告げるのではない。5千円のライターから3千円で書くライターに乗り換えるのである。コストダウンのしわ寄せが末端にいくのは、自動車や繊維と同じだ。

もっとも、この10年で、悪い変化ばかりでもない。編集プロダクションが一般的に認知されるようになった。

「昔は編プロというとうさんくさい目で見られた」と多賀さんは振り返る。企業から商品の写真1枚借りるにも、出版社からの依頼書を要求されるようなことは当たり前だった。ライターやデザイナーも、編プロからの注文はあまり歓迎しないところもあった。ところがいまは不審がられたり敬遠されることはない。それだけ企業の広報担当者もライターやデザイナーも、編プロと仕事をする機会が増えているのだろう。

●

編集プロダクション、アスランは「ワーカーズコープ」を名乗っている。組織としては有限会社だが、いわゆるワーカーズ・コレクティヴ、生産者協同組合の理念を持っているからだ。

杉村和美さんがアスランを設立したのは2000年。それまでは大手編集プロダクションに勤めていた。ところが倒産。労働組合をつくって一緒に争議を闘ってきた同僚と、アスランを設立した。日本にはまだ生産者協同組合法がないので、有限会社アスランを核にして、外部のライターやデザイナーなどとネットワークを広げる、ゆるやかなワーカーズ・コレクティヴである。

倒産や争議などで、編集プロダクションの厳しさを最もよく知っているはずなのに、敢えてアスランを作った理由について杉村さんは「矛盾のあるところにいたかったから」と言い切る。

「(倒産や争議の過程で) 編プロが抱えている問題は、個々の経営者の問題というよりも、出版界の構造的な問題だと思った。その矛盾のあるところにいて、当事者として改善の方向性を探りたかったんです」

杉村さんも、編プロが置かれている環境は激しく変わっていると言う。たとえば仕事の範囲が拡大している。編集プロダクションといいながら、もはや仕事は「編集」だけではない。

「パソコンが進歩したことで、編プロが組版までやることが増えています。いままでは写植屋がやっていた仕事まで、編プロがするようになってきています」

組版というのは、レイアウトにしたがって文字や図版などを1ページごとにまとめる作業をいう。昔、活版印刷だったころ、活字を組んで版面をつくったところから、こう呼ばれる。つまり、編集というよりも印刷の仕事に近い作業である。

組版まで行なうようになると、編プロはそれに合わせてソフトウエアも買いそろえなければならない。ソフトは頻繁にバージョンアップするから、それにも対応しなければならない。仕事の範囲だけでなく、必要な設備も広がっているのだ。

そしてもちろん、仕事の単価も下がっていると杉村さんも言う。

「ある出版社では、それまで編集費というかたちで支払われていたものが、『次からは著者の印税の枠内で』と言われました」

つまり、10％の印税を著者と編プロとで分け合うということ。言い換えれば、編集費分のコストダウンを、著者と編プロに押しつけているわけである。著者にとっては印税を減らされるわけであり、この条件を著者に切り出す編プロは辛い。

諸経費もその印税のなかでやりくりすることになる。たとえば著者と打ち合わせるための費用。著者から「たまに晩ご飯でも食べながら打ち合わせましょうか」などと言われると大変なことになる。まあ、多くの著者は、経費は出版社や編プロが払って当然だと思っているだろう。いちいち誘いに応じていると、編プロはたちまち大赤字になってしまう。

「打ち合わせは昼間に、事務所か喫茶店で。食事をともなう打ち合わせはできるだけしません。そういう気配になっても、『子どもがいますので』なんていって、なるべく食事にならない雰囲気をつくったり（笑）」

苦労は多い。

印税の算定方式にも変化がある。従来は印刷部数によって支払われた。最近は実売部数をもとに、という出版社も増えている。あるいは初版のみ印刷部数で算定し、2刷以降は実売部数にするところも。これは私たち書き手にとっても同様だ。

たしかに売れなかった本の分まで印税を払いたくない、という出版社の考えもわかるが、支払われる側から見ると問題もある。たとえば実売部数は「出庫マイナス返品」で算出されるから、該当期の返品数が確定しないとわからない。そのため、印刷部数で算出するよりも支払いが遅れる。もっと根本的な問題は、著者や編プロには、実売部数を確かめるすべがないこと。倉庫に行って数えるわけにもいかない。出版社が言う数字を信じるしかない。

「条件は交渉の余地があると思います。ただそのためには、実績が必要ですね。過去に作ったものが売れたかどうか。10万部の本を出せれば、少し強気に交渉できるんでしょうが（笑）、そこそこの売れ行き、というのでは」と杉村さんは苦笑する。

もうひとつ交渉に必要なのは、得意なジャンルを作ること。この分野ならアスランに、という定評ができればやりやすい。スタッフプロモーションがパズル誌づくりで定評を得ているように。

納期が短くなっているのも編プロにとってはつらい。大ヒットした本があると「同じような本を2ヶ月以内に作れないか」と言ってくる出版社もあるし、実際、企画から店頭に並ぶまで2ヵ月という短期間で作る編集プロダクションもあるという。

「資料として同じテーマの本を何冊も買うことがよくあります。読み比べると、この本はあの本のあそこから持ってきたな、と明らかにわかることがある」と杉村さんは言う。関連書を10冊買い込んで、切り貼りすれば2ヵ月でもできてしまう。

「（編プロが）そういうところに追い立てられるような現状もある」と杉村さんは話す。

悪くなっていることばかりでもない。かつて出版社との契約は口約束が多かった。しかし、下請法ができてから変わった。同法によると、親事業者（＝出版社）に、注文書の交付義務や下請け代金の支払い期日を定める義務などがあり、代金の支払い遅延や買い叩きが禁止されている。

「下請法ができる前後から、覚え書きというか、発注しました、という文書は出るようになりました。青焼きが出るころには正式な契約書を交わします。支払いは発売後、末締めの翌月払いぐらい」

ただ、著作権に関してはまったく不十分だ。たとえば手がけた本が文庫化されても、編プロには支払いがないことがほとんど。海外での翻訳出版についても同様だ。これからの課題だろう。

「下請けに出せばコストを削減できる、というので出版社が編プロを使う現状がありますが、専門性があるから編プロと仕事をするんだ、パートナーなんだという意識をもってもらいたい。基本的に、良い労働条件（環境）がないと、良い本は作れないと思います」と杉村さんは話す。

最大の問題は待遇だろう。出版社がコストダウンの手段として編プロを捉えている以上、編プロ社員の待遇がよくなるはずがない。20代前半なら、編プロも出版社もほとんど待遇に差はないかもしれないが、年齢とともに差が開く。大手出版社の社員と、その取引先である編プロの社員との、仮に40代の年収を比較したら、おそらく倍以上の格差があるのではないか。編プロよりもさらに悪条件と思われる書店員の待遇も含めて、出版産業全体の問題ではないか？

［2005年12／1月号］

２００９年1月、ワーカーズコープアスランは解散した。編集プロダクションがおかれた情況は悪くなっていく一方だ。

テレビ番組『あるある大事典Ⅱ』でのデータ捏造問題で明らかになったのは、テレビの制作現場における下請け依存体質だった。しかも実際に番組を作った孫請け会社には、スポンサーが払ったお金の1割以下しか渡っていなかった。番組を放送するキー局の社員は30代なかばで1千万円を超える給与を受け取るが、孫請けの制作会社のスタッフの年収はその数分の一だ。しかも捏造を行なった制作会社は解散し、スタッフは職を失った。もちろん捏造という、メディアにとって致命的な過ちをおかしたのだから会社がなくなったり職を失って当然だという考えかたもできる。しかし短い制作時間と少ないスタッフ、そして驚くような低予算のなかで捏造は生まれた。この構造を改めなければ第2第3の「あるある」事件は起きるだろうし、すでに起きていて、露見していないだけかもしれない。

新聞や雑誌はこの事件をずいぶん派手に伝えたが（そもそもきっかけは『週刊朝日』のスクープだった。同誌も当初は「めくじらをたてるほどのことではないが」と、わりと小さな扱いのネタだった）、しかし、出版の現状だって五十歩百歩である。テレビの番組制作会社を編集プロダクションやその下で働くフリーランスの編集者に置き換えて考えてみればいい。

一般消費者＝読者にはその存在が見えにくいところも、番組制作会社と編集プロダクションは似ている。多くの視聴者は『あるある～』はフジテレビが作っていると思っていた。それがじつは関西テレビが放送していて、実際に作っているのは下請けの下請けだった。もっとも、テレビ番組を東京のキー局のものとして考えるのは首都圏在住者だけで、地方の人はそれぞれ地元のテレビ局が作っていると思っているのかもしれないが。

本を読むとき「この本は出版社が編集しているのか、それとも編集プロダクションが編集したのか」と奥付まで確かめる読者は少ないだろう。編集プロダクションは黒衣だ。

もちろんテレビ界と似ているからといって、編集プロダクションが作る本はいいかげんだとか、記事が捏造されているとは思わない。それに、下請け構造は製造業をはじめ他の産業にもあることだ。とはいえ、劣悪な状態が続けば、やがては出版界もテレビ界のようになりかねない。

コスト削減のために編集プロダクションを使うのは、誰にとっても——編集プロダクションにとっても読者にとっても、そして当の出版社にとっても——最終的には損だ。読者は内容のよくない本をつかまされることで損をし、出版社も読者の信用を失う。公正な利益配分というのは空想にすぎないにしても、そこに一歩でも近づいていく意志がなければ本の世界はだめになる。

ところで、本稿で取り上げたのは主に出版社と仕事をする編集プロダクションだが、実際には一般企業のPR誌づくりなどを請け負う編集プロダクションのほうが多いかもしれない。そこでは出版界とはまた別の慣行があって、もしかしたら出版社と仕事をするよりも儲かるかもしれないが、それなりの苦労もある。私が企業PR誌などの仕事をできるだけ受けないようにしているのは、クライアントから思わぬクレームが出ることがあるからだ。私の数少ない経験でも「えっ、こんなことがNGなの」と思うようなことが何度かあった。編集プロダクションの社員はクライアント企業と書き手との板挟みになるわけで、それはなかなかつらいことだと思う。

06 情報の無料化

たとえば千円の本は、書店が250円前後、取次が80円程度のマージンを取る。このマージンがなければ、書店も取次もやっていけない。流通する情報にはお金がかかる。

しかし、インターネットの普及で、この常識が崩れつつある。ことに、ブロードバンドでの常時接続が一般化してからは、誰もが通信コストを気にすることなくインターネットにアクセスできるようになった。情報はゼロ円化していく。たとえばひところ隆盛を極めたパソコン雑誌は軒並み売上を落とし、次々と休刊している。速くて安い（もしくはタダ）、情報のゼロ円化が進行するなか、雑誌そのものの終わりを予感する人もいる。

リクルートが若者向けフリーペーパー『R25』を創刊したことにショックを受けた出版業界関係者は少なくない。一般誌にも寄稿している書き手がコンパクトなコラムを書いていて、テレビ欄まである。発行部数は50〜60万部ともいわれる。木曜日の電車に乗ると、誰もが『R25』を読んでいる。同じくリクルート発行のクーポン券付き雑誌『ホットペッパー』は、しょっちゅう駅前で配られている。サラリーマン向け総合週刊誌や女性週刊誌が大きく売上を落とす一方で、フリーペーパーがどんどん増えている。そこになんらかの相関関係を見る人もいる。

だが、「無料」と「有料」は対立するものなのだろうか。資本制システムのもとでは、どんなものでも値段さえつけば流通する。有料にすることによって得られる自由がある。それと同時に、値段がつくことによって束縛されることもある。たとえば決済のシステムが必要だし、値段がついたものは財産だから財務の問題もついて回る。つまり「無料」にすることによって得られる自由もある。

今回は「無料」をキーワードに、書籍の無料公開を行なっているポット出版と、文芸誌のフリーペーパー化を試みる早稲田文学を取材した。

●

ポット出版はいま、2003年3月に同社が発行した『同性愛入門』（伏見憲明編著）を、自社のwebサイトで無料公開している。刊行から3年近く経過しているとはいえ、定価1760円の本を無料で公開してしまうのである。それまで消費税を含めて1848円払わなければ買えなかったものが、いきなりタダになる衝撃は大きい。直前にこの本を買った人はどんな気持ちだったろう。私もときどき、単行本を買ったとたんに文庫版が出たり、古書店で高く売られている絶版本を買ったとたんに復刻版が出たりすることがあるけど、あれと似たようなものだろうか。

それはともかく、無料公開に踏み切ったのにはいくつかの理由がある、と沢辺均さんは話す。

ひとつは「時間」。発売から2年半経過したところで、書店での動きが鈍くなってきていた。初版は完売して現在は2刷。しかし、書店からの注文は、月に5冊から10冊程度というのが沢辺さんの感触だ。

だからといって、行き渡るべき人に行き渡った、とは考えていない。そもそも、『同性愛入門』は同性愛初心者というか、自分はゲイかもしれないと考えるようになった主に10代の読者に向けて書かれたガイドブックであり実用書である。読者は毎年かならず一定数、新たにあらわれるはずだ。しかし書店界は新刊偏重の傾向があって、既刊本はなかなか棚に置いてくれない。刊行後5年、10年経過した「定番」や「古典」ならまだいいのだが、2年半というのはいささか中途半端だ。

時間という要素に関係して、情報の鮮度という問題もあると沢辺さんは言う。

「たとえばHIVに関しても、昔は不治の病のように言われたけれども、いまは生き続けられる病です。一方、この2年ぐらい、ゲイのあいだでHIV感染が爆発的に拡大しているという状況もある。でも、新しい情報を盛り込んで改訂版や『新・同性愛入門』を出す、というほど、売れる見込みは持てない」

この「時間」「鮮度」が紙版書籍についてのネガティブな条件とすれば、同時に、電子版についてのポジティブな条件もそろっている。たとえばゲイのネットへの親和性の高さ。ゲイのあいだで、インターネットは有力な情報源になっている。mixi（ミクシー）のような、非開放系ネットコミュニティもある。

ポット出版は電子化について早くから自覚的だった。1994年ごろから、発行する書籍の中身はデータで保存するようにしているし、2000年からは校正作業も含めてすべてPDFで印刷所に渡すようにしている。だから『同性愛入門』の公開にあたっても、ほとんど手間はかからなかった。

「作業時間はのべにして10時間程度で済んでいます。人件費で換算すると、雇用コストも含めて仮に時給5千円で5万円。実際にはそんなに払えてないわけだから（苦笑）、3万円ぐらいかな」と沢辺さんは言う。

『同性愛入門』には14人の著者がいて、それぞれと無料公開の許諾を得るための交渉などをする手間がこの作業時間10時間のほかにかかってはいるが、それを含めてもさほど過大なコストにはならなかったと言う。もしもPDF化が進んでいなかったら、簡単に無料公開というわけにはいかなかっただろう。また、ポット出版にはコンピュータやインターネットに関する知識や技術を持った人材が揃っている、ということも大きかった。

「グーグルなどの検索がPDFにも対応するようになったことも、無料公開の動機のひとつですね。PDFがグーグルで検索できると、たとえば〈HIV〉〈感染拡大〉といったキーワードからこの本に到達する。そうじゃないと無料公開の効果半減ですからね」

グーグルで検索して『同性愛入門』がヒットすれば、そこからポット出版のほかの刊行物に読者を導入することもできるわけで、そう考えると、無料公開しても経済効果がゼロというわけではないことになる。

もっとも、無料公開ではなくて有料ダウンロードの電子書籍にするという選択もあったのではないか。なぜ無料公開なのか、と訊ねた。

「嗅覚ですね。電子書籍にしても、たぶん売れないだろうな、と。それより、ポット出版はこれからも伏見憲明さんの本を出していくし、ゲイのなかで、『ポット出版は信頼できる』と思ってもらえる方がトクだと考えたんです。仮に千円の電子書籍にして１００ダウンロード売れたとしても10万円でしょう。販売会社のマージンが5割とすると、ポットに入ってくるのは5万円にしかならない。でも１００だって難しいでしょう、いまの電子書籍の実績から考えて。それよりもゲイのなかで、ポット出版は自分たちにとって近しいというポジションを得た方が、５万円の広告代と考えるとトクだもの」

ポット出版が無料公開するのは『同性愛入門』が初めてではない。定期刊行物では「図書館とメディアの本」と副題のある『ず・ぼん』のバックナンバーを以前から全文公開している。おもしろいことに、無料公開によって紙版のバックナンバーに対する注文は増えているという。ただ、だからといって、刊行後3年経過したら機械的に無料公開するというわけではない。内容や読者層を考えて、そのつど判断していく、と沢辺さんは話す。

話を聞いたのは1月のなかばで、無料公開を始めて3週間たったところだった。ポット出版のサイトへのアクセス数は5割ぐらい増えているという。無料公開について、ゲイ・コミュニティで話題になり、雑誌やサイトで紹介されたことが大きい。有料ダウンロードにしてお金を稼ぐよりも、ゲイのなかでしかるべきポジションを占めるほうが、ポット出版にとってトクだ、という沢辺さんの判断は当たっているようだ（2008年、『ず・ぼん』のバックナンバー無料公開は休止した）。

●

『早稲田文学』は100年以上の歴史を持つ文芸誌である。基本的には早稲田大学文学部を発行母体としながら、しかし寄稿者も編集者も早稲田大学の関係者に限らないというユニークな面を持つ。この『早稲田文学』がフリーペーパー『WB』に変身した。『早稲田文学』の最終号となった2005年5月号「編集室より」には、フリーペーパー化に関する事情説明が細かく書かれている。

フリーペーパー化する理由の第1は、資金的な問題だ。「編集室より」によると、同誌の運営は早稲田大学からの補助金と雑誌の売上、広告収入からなり、その額はざっと1400万円。これで年間6号の紙代・印刷代、原稿料、発送費用などだけでなく、人件費もまかなわなければならない。学生スタッフは偶数月は50時間、校了月は70〜100時間働いて、月給は1万円。しかも当初の半年は無給。常勤の経理担当者の給料は約10万円。時間外手当も社会保険も雇用保険もない。このまま続けるのは困難なので、大学側に補助金の増額を要求しつつ、とりあえず向こう2年間、実験的にフリーペーパー化してみたい（従来の『早稲田文学』は1年に1回にする）ということである。平均160ページの『早稲田文学』が16ページの『WB』になれば、単純に誌面づくりの手間は10分の1になるし、流通を通さないので、その分の労力もいらない。通常は、経済的にやっていけなくなったら、休刊か廃刊を考える。しかし、「じゃあ、フリーペーパーにしよう」というところが新しい。

『早稲田文学』は、もともと営利としては成り立たない形でできています。そこは他の商業誌とは違うところですね」と編集室デスクの市川真人さんは話す。

市川さんが知るかぎり、創刊以来、黒字だったことは一度もない。そういう前提の雑誌だから、今回のフリーペーパー化に関して、「もともとそういう場なのだから薄給でも我慢すべきではないか」という意見もないわけではなかった。『早稲田文学』を教育の場、修行の場と捉えることもできるし、重松清氏はじめ同誌の学生スタッフから作家や評論家、ジャーナリストになった人は数多くいる。しかし同時に、一般の大学発行誌とは違って、書店店頭での商品力を持った商業誌なのだ、というプライドもある。この複雑さを考えないと、フリーペーパー化の背景は理解しにくい。

「ある意味では恵まれていて、でも、いわば生かさず殺さずの年金生活状態のつらさがある。うまく伝えられない感じですね」と市川さんは苦笑する。

私がフリーペーパー化のニュースを聞いて真っ先に連想したのは、大塚英志氏の純文学不良債券化論だった。ひとことでいうと、純文学系文芸誌は、出版社にとって万年赤字部門の不良債券化している、と指摘するもの。これに作家の笙野頼子氏が反論するなどして、ちょっとした論争になった。

「ただ、『早稲田文学』の場合は、続けようと思えばあと50年だって続けられちゃうんですよ。なぜなら学生スタッフは4年で入れ替わる。4年間って、過酷な労働が続いても、楽しかったりすると、意外ともっちゃうんですよね。大塚さんが危惧していたのは主に資本の側の余力の低下なんですが、人的資源となるとどうも無尽蔵にあるらしい（笑）。問題は、雑誌がつまらなくなるとか、継続性がなくなることです」

その意味で、精根尽き果ててのフリーペーパー化というよりも、大学側と補助金アップの交渉をするなら今だし、後任にバトンパスする前になんとか事態を改善しておきたいということのようだ。それにしても、いきなりフリーペーパーとは大胆だ。発行回数をもっと減らすとか、webマガジン化という選択はなかったのだろうか。

「webマガジンは選択したくなかった。志向性の強い読者しか来なくなりますから。偶然でも手にとってもらう機会がなくなるのは、雑誌にとってつらいことです。逆にたとえば『ダ・ヴィンチ』がタダで配られていたらおもしろいだろうなと思うんですよ」

出版社が発行するフリーペーパーは珍しくない。大手出版社をはじめPR誌を発行している出版社は多い。岩波書店の『図書』は発行部数10万部以上で、同社の雑誌ではもっとも部数が多い し、筑摩書房の『ちくま』からは赤瀬川原平の『老人力』などベストセラーが生まれている。出版社発行のPR誌には「定価」がついているものがあるが、実際には書店が無料で配っていることが多い。

「PR誌だと自社広告で埋まってしまいますが、大学が出している中立の媒体ならそんなことをやる義務はない。見方を変えると、大学には、特に文学部には、未来の学生=お客さんを育てる義務があるかもしれない。そう考えると、『WB』はタダなんだけど、大学にとっては先行投資でもあるはず。『WB』を読んで本を買ってくれる人が増えて、その人の子供は本に囲まれた環境で育って、やがて早稲田大学文学部に入学してくれれば……。もっとも、そう言うと大学教員のなかには、『オレはそのころ、とっくに死んじゃっているよ』って顔をする人もいますけど（笑）」

フリーペーパー化を考えたとき、市川さんのイメージにあったもののひとつは、マガジンハウスのPR誌『ウフ．』だった（2009年4月休刊）。前身は文芸誌『鳩よ！』で、無料のPR誌でありながら、たとえば書評欄では他社の本を積極的に取り上げるなど、異色かつクオリティの高い内容である。

「もうひとつ意識したのは『ホットペッパー』だったんですよ。文学でこれをやってもいいじゃん、と思いました。最初に考えたのは、いろんな書店のクーポンが並んでいる雑誌。あるいは、出版社の本の割引券がついているとか。再販制があるから難しいけど、そういう遊びがあったら面白いですよね」

『R25』に倣って、「目指せ、50万部」と市川さんは言う。50万部で1号につき0・1％のリターンで500人、年間6号で3千人、10年で3万人。もし純文学の読者がそれだけ増えたらひとマーケットできたも同然である。

今後は広告も積極的に取っていきたいと言う。それも出版広告ではないものを。

「たとえばもしもルイ・ヴィトンの広告が載っていたら、『WB』を手に取ってくれるかもしれない。きっかけはヴィトンの広告写真かもしれないけど、中を読んだら斎藤美奈子という人が書いていて、初めて読むけどおもしろいぞ、とかね。そうやって純文学の読者をコツコツ増やせないかなと思います」

その目論見は半分は当たっていて、『WB』創刊時、秋葉原で街頭配布した際、受け取った高校生が中の写真を見て、大事そうに鞄にしまったという。『早稲田文学』では出会わなかったかもしれない読者が、カラフルなフリーペーパーにすることによって出会ったのだ。フリーペーパー化を報じた新聞記事を読んで、「うちでも置きます。お金も出します」といってくれた入谷の和菓子屋さんがあったり、フリーペーパーの配送業者が協力を申し出てくれたりと、予想外の広がりもある。

今後の展開については、『WB』が5万、10万の部数になり、本誌『早稲田文学』が3千、5千で安定するのが理想だと市川さんは言う。そこからさらに市川さんの夢は広がる。たとえばフリーペーパーの文芸誌のネットワークができて、カフェの店先で文芸誌が読めたり、地下鉄の全駅で文芸誌のPR版が手に入るような都市になれば、楽しい。

なるほど、フリーペーパーのフリーは無料であると同時に、自由ということでもあるのか。無料化は本と読者の関係を変えていくのかもしれない（『早稲田文学』は2008年復刊された。発行＝早稲田文学会、発売＝太田出版）。

［2006年2/3月号］

●附記

本は書店で買う（売る）もの、という固定観念を捨てると、可能性は広がる。売るのが難しければ無料で配ってしまえばいい。日本の出版流通システムは便利にできているけれども、そのシステムに乗っかるためにはクリアしなければならない条件も多い。また、無料ならば売上の回収なども不要だ。

むかし、新宿駅西口に「私の詩集を買ってください」と看板を出して本を売っている人がいたけれども（いまでもいるのか？）、どうして無料で配ろうとしなかったんだろう。無料のほうが多くの人に読んでもらえるだろうに。

もっとも、なんでも無料にすればいいというものでもないだろう。多くの雑誌は広告収入で成り立っているようなものだが、だからといって無料で配ったらどうなるのか。広告主のなかには「無料で配るのなら広告は出さない」と考える会社もあるかもしれない。全国の書店で買われる（売られる）ということも、その雑誌の媒体価値のひとつかも知れないからだ。

値段と情報（あるいは作品）と流通の関係は難しい。値段の変化によって、その雑誌の意味も変わる。たとえばまったく同じ雑誌でも、1冊千円の値段をつけるのと500円にするのと、無料にするのとでは、読者層だけでなくその雑誌の読まれかたも変ってくるのではないか。

この10年、雑誌がどんどん売れなくなってきている。『小悪魔ageha』（インフォレスト）のように伸びている雑誌もないわけではないが、週刊誌を筆頭に売上が下がり続けている。いろんな原因が考えられるが、インターネットの影響が大きい。インターネットの普及によって情報についての値段の感覚が変わって、情報を得るためにお金を出して雑誌を買うことを不合理だと感じるようになってしまったのではないか。

あるとき、郊外の書店にいたら女子高生たちの会話が聞こえて来た。ひとりが「この本、買おうかな」とコミックスを手に取ると、もうひとりが「やめなよ。ブックオフで買えばいいじゃん。ここで買うと損するよ」と言った。「ブックオフで買うと得だ」という感覚が、こんどは「新刊書店で買うのは損だ」という感覚に変わってきている。本に対する値段の感覚、いくらぐらいだったら適正だと感じるかという値ごろ感が変容している。これは家電製品をメーカー希望小売価格で買うのは損だ、という感覚と似ている。

フリーペーパーが読者＝消費者の値段に対する感覚を変えるのだとすると、やがてそれは回り回って本の首を絞めることになるかもしれない。

現実にはフリーペーパーは無料で成り立っているわけではない。企業が出す広告費は商品の値段に含まれているのだから、商品を買う一般消費者が（読者に代わって）負担しているのだ。情報０円というのは錯覚にしかすぎない。ただし商品を買う人に、自分がフリーペーパーの読者の代わりに費用を負担しているという意識はない。もっとも、広告・宣伝費を一切使わないからといって、消費者はその商品を（広告宣伝費を使った場合に比べて）安く買えるとは限らないのだけれども。

人は値段をどのように意識するのか。もっと突っ込んだ研究があってもいいのではないか。

本はどう
読まれているか

07 アサドクとドクソン

「最近の子どもは本を読まない」、「若者の読書ばなれが進んでいる」などと、常套句のように言われる。だが、本当だろうか。

しばらく前のことになるが、書店で文庫を探していると、本棚の反対側から女子高生の会話が聞こえてきた。

「私、アサドクの本、買わなくちゃ。いま読んでるの、もうすぐ終わっちゃうから」とひとりが言うと、「私も買おうかな。これどうかな」ともうひとりも言う。やがて、「面白そうだね。私はこれにしよう」という声が聞こえた。ふたりはタイトルや著者名だけでなく、帯の惹句を読んだり、パラパラと中をめくって、あれこれ迷い、ようやく文庫を1冊ずつ、レジに持って行った。

制服のスカートを短くして、ちょっと化粧もしている、いまどきの女子高生だった。その様子から、彼女たちにとっては、本を買うこと、本を読むことが、けっして特別ではない、ごく日常的なものになっているのだと感じた。

彼女たちが言っていたアサドクとは、「朝の読書」あるいは「朝の10分間読書」のことだ。誕生は1988年。千葉県の高等学校に勤務していた林公と大塚笑子というふたりの教員によって始められた。背景にあったのは、遅刻が多く、授業が始まっても私語をやめない、なかには歩きまわる生徒もいて、授業が成り立たないという状況だった。これが、毎朝10分間、黙って本を読むだけで、変わったというのである。初めのうちはなかなか他の教職員の賛同を得られなかったが、地道な実践を重ねるうちに全校で取り組むようになった。それが88年の春。この一高校から始まった「朝の読書」は、やがて全国に広がり、現在では小中高合わせて2万校以上が取り組んでいる。日本の小中高等学校の数は約4万だから、大ざっぱに言って半数以上、児童生徒の人数にすると約800万人が、毎朝、本を読んでいることになる（地域差や規模の違い、後述するように実践方法の違いがあるので、厳密な数字とは異なる）。

「朝の読書」には4つの原則がある。「みんなでやる」「毎日やる」「好きな本でいい」「ただ読むだけ」。「みんなでやる」の「みんな」は児童・生徒だけでなく、教員や学校管理者も含む。「好きな本でいい」というのは、読むべき本を教師が選定するのではなく、児童・生徒が自由に選ぶ。「ただ読むだけ」は、感想文を書いたり、評価したり、競ったりしないということ。シンプルだが従来の読書指導にはなかった考え方だ。

朝の読書推進協議会事務局長の佐川二亮さんに話を聞いた。佐川さんは取次最大手のトーハンの広報室マネージャーでもある。トーハンは早くから「朝の読書」を支援してきた。

「いまだに『子どもの読書ばなれ』などと言われますが、けっしてそんなことはないと、『朝の読書』に取り組んでいる子どもたちを代弁して言いたいですね」と佐川さんは笑う。

「私たちは全国で1校でも多く『朝の読書』を導入してもらいたいと思って活動してきました。最近は文部科学省や各地の教育委員会にもかなり認識が深まってきました。すでに過半数を超えましたので、小中学校についてはあと数年ほどで全ての学校に広がるだろうと予測しています。高校については大学受験などがありますから、学校によっていろいろ難しい面もあるでしょう。50％までいけば私たちの運動目標達成に近いと思っています」

佐川さんは95年、鳥取県で行なわれた「本の学校・大山緑陰シンポジウム」で林教諭と出会って、意気投合した。翌年からは同シンポジウムで「朝の読書」の分科会を作り、全国への普及を目指すようになった。まずは、「これは学校のことだから」と、文部省（当時）に出向いて説明したが、ほとんど関心を示してもらえなかった。それではというので、こんどは各都道府県の教育長宛に協力を求める手紙を書いたが、戻ってきたのは断りの手紙、あるいは黙殺だった。

「児童・生徒と教師と学校管理者が、同じ時間に一斉に本を読む、ということが、学校関係者にはまず理解されませんでした。しょうがない、自分たちでやるしかない。毎週、土曜日になると、林先生、大塚先生と3人で、あちこち地方に行って『朝の読書』について学校の先生たちに説明して歩いたんです」

各県で交流会を実施して回った。この全国行脚の費用は自腹。立ち食いそばで食事を済ませたこともあったという。

普及のきっかけになったのはマスメディアの注目だ。朝日新聞の広告特集に林教諭と故・江藤淳の対談「青春の読書『朝の読書』がもたらしたもの」が掲載（96年11月）されるなどすると、親からの反響が大きかった。「うちの子が通っている学校では『朝の読書』をやっていない。やってもらえるようにするには、どうしたらいいか」といった電話が、推進協議会のあるトーハンにどんどんかかってきた、と佐川さんは振り返る。

実践校は急速に増えていった。それはもちろん、林、大塚両教諭と佐川さんらの努力やメディアの影響力によるものではあるけれども、なんといっても最大の理由は、「朝の読書」の「効果」が大きいからだ。「効果」と呼んでしまうと、身も蓋もない印象だが、実際、教室の空気が一変するのだという。たとえば林教諭が最初に「朝の読書」を行なおうと思うきっかけとなった、授業を始めても生徒が着席しない、私語をやめないといったことが、導入校では激減している。10分間黙って本を読むことで、生徒たちが落ち着くらしい。

「効果」はいわゆる問題校においてだけではない、と佐川さんは話す。

「東北のある進学校では、以前、朝の学習をやっていました。しかし当時の校長が、これからの学校教育は知識だけ詰め込めばいいというわけではないと考え、朝の学習をやめて『朝の読書』を導入しました。すると、翌年の春、大学の合格率が上がったというのですね。しかも、合格する大学のレベルも高くなっている。文芸部の活動も活発になり、全国の文芸コンクールでも毎年のように入賞している。『やっぱり読書の力はすごいもんだ』と、先生たちが驚いているそ

「朝の読書」全国都道府県別実施率

出典＝朝の読書推進協議会調べ（平成21年6月12日現在）

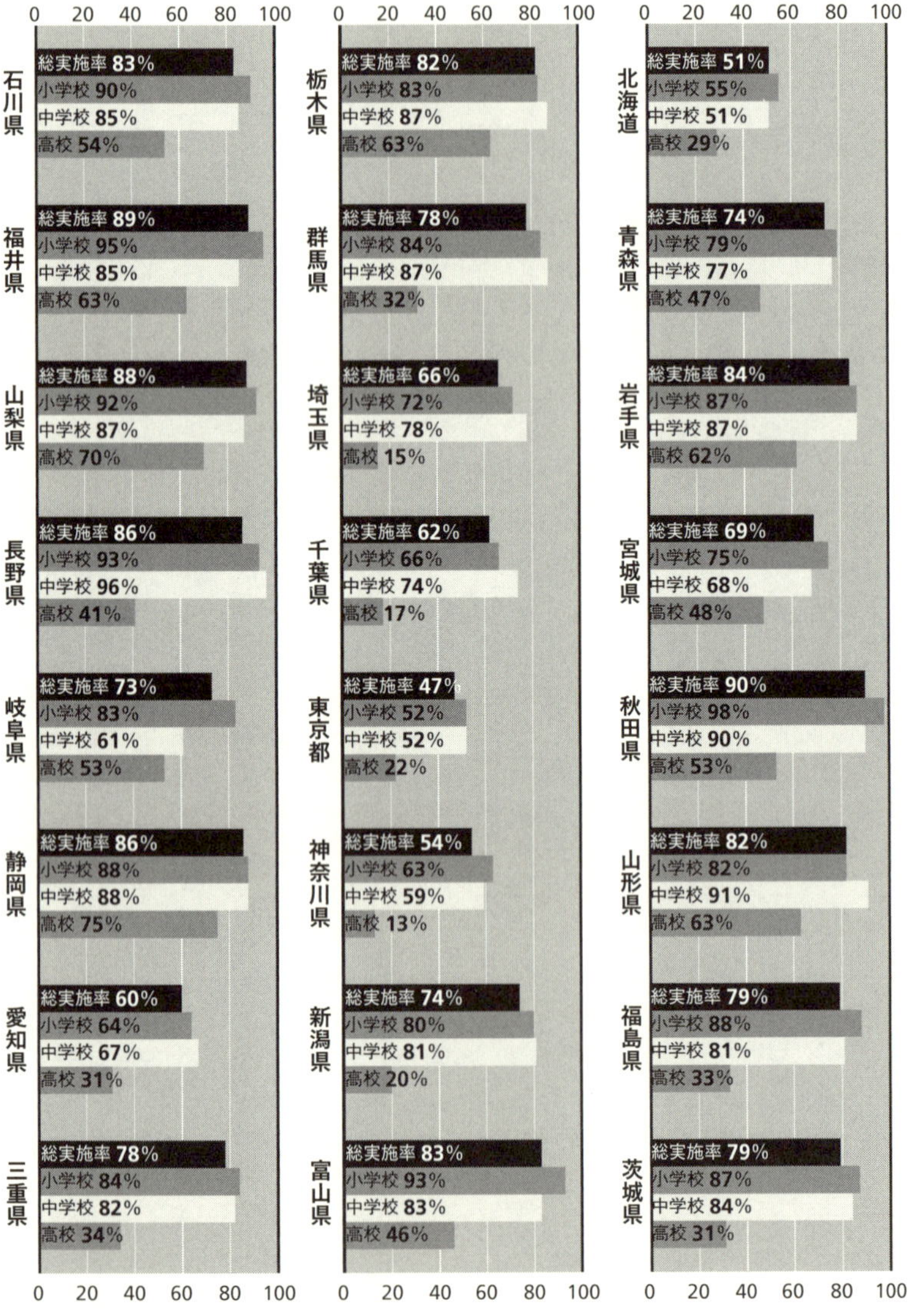
0 20 40 60 80 100
石川県
総実施率 83%
小学校 90%
中学校 85%
高校 54%
福井県
総実施率 89%
小学校 95%
中学校 85%
高校 63%
山梨県
総実施率 88%
小学校 92%
中学校 87%
高校 70%
長野県
総実施率 86%
小学校 93%
中学校 96%
高校 41%
岐阜県
総実施率 73%
小学校 83%
中学校 61%
高校 53%
静岡県
総実施率 86%
小学校 88%
中学校 88%
高校 75%
愛知県
総実施率 60%
小学校 64%
中学校 67%
高校 31%
三重県
総実施率 78%
小学校 84%
中学校 82%
高校 34%
栃木県
総実施率 82%
小学校 83%
中学校 87%
高校 63%
群馬県
総実施率 78%
小学校 84%
中学校 87%
高校 32%
埼玉県
総実施率 66%
小学校 72%
中学校 78%
高校 15%
千葉県
総実施率 62%
小学校 66%
中学校 74%
高校 17%
東京都
総実施率 47%
小学校 52%
中学校 52%
高校 22%
神奈川県
総実施率 54%
小学校 63%
中学校 59%
高校 13%
新潟県
総実施率 74%
小学校 80%
中学校 81%
高校 20%
富山県
総実施率 83%
小学校 93%
中学校 83%
高校 46%
北海道
総実施率 51%
小学校 55%
中学校 51%
高校 29%
青森県
総実施率 74%
小学校 79%
中学校 77%
高校 47%
岩手県
総実施率 84%
小学校 87%
中学校 87%
高校 62%
宮城県
総実施率 69%
小学校 75%
中学校 68%
高校 48%
秋田県
総実施率 90%
小学校 98%
中学校 90%
高校 53%
山形県
総実施率 82%
小学校 82%
中学校 91%
高校 63%
福島県
総実施率 79%
小学校 88%
中学校 81%
高校 33%
茨城県
総実施率 79%
小学校 87%
中学校 84%
高校 31%

0 20 40 60 80 100
佐賀県
総実施率 92%
小学校 98%
中学校 91%
高校 74%
長崎県
総実施率 83%
小学校 81%
中学校 88%
高校 80%
熊本県
総実施率 70%
小学校 66%
中学校 80%
高校 66%
大分県
総実施率 75%
小学校 79%
中学校 76%
高校 51%
宮崎県
総実施率 76%
小学校 73%
中学校 80%
高校 78%
鹿児島県
総実施率 79%
小学校 78%
中学校 88%
高校 63%
沖縄県
総実施率 80%
小学校 84%
中学校 93%
高校 32%
全国平均
総実施率 69%
小学校 74%
中学校 73%
高校 39%
岡山県
総実施率 82%
小学校 88%
中学校 88%
高校 39%
広島県
総実施率 77%
小学校 78%
中学校 79%
高校 66%
山口県
総実施率 63%
小学校 64%
中学校 78%
高校 26%
徳島県
総実施率 68%
小学校 71%
中学校 69%
高校 44%
香川県
総実施率 72%
小学校 75%
中学校 76%
高校 53%
愛媛県
総実施率 77%
小学校 75%
中学校 76%
高校 87%
高知県
総実施率 77%
小学校 75%
中学校 83%
高校 71%
福岡県
総実施率 74%
小学校 77%
中学校 73%
高校 60%
滋賀県
総実施率 76%
小学校 87%
中学校 77%
高校 24%
京都府
総実施率 58%
小学校 64%
中学校 62%
高校 24%
大阪府
総実施率 47%
小学校 52%
中学校 52%
高校 17%
兵庫県
総実施率 63%
小学校 68%
中学校 70%
高校 26%
奈良県
総実施率 68%
小学校 70%
中学校 72%
高校 49%
和歌山県
総実施率 62%
小学校 63%
中学校 70%
高校 32%
鳥取県
総実施率 92%
小学校 98%
中学校 94%
高校 55%
島根県
総実施率 87%
小学校 91%
中学校 92%
高校 51%

うです」

「朝の読書」運動からは、地域が抱える問題も見えてくる。たとえば地域別の実施率にはかなりばらつきがある。鳥取県では92％と高いのに、北海道では30％。東京都や大阪府も低く、それぞれ28％、30％だ（２００６年3月16日時点）。このばらつきには二つの理由がある。ひとつは、データ収集の時間差によるもの。全国一斉とはいかないので、各都道府県を順番に調査していく。北海道や東京都は学校数が多く、調査に時間がかかるため、一昨年のデータのままになっている。現時点ではもっと増えているだろうと佐川さんは話す。もうひとつは、教職員の意識の差であり、読書環境の地域格差だ。大都市ではどうしても「読書よりドリル」という傾向があるという。

「以前、北海道の校長先生と電話で話しましたが、本不足が原因だと言います。本屋に行くにも半日かかってしまうのだそうです」

学校図書館も充実しているとは言いがたい。地方行政も教育には冷たい。たとえば国は学校図書館図書整備5か年計画を２００２年度より実施している。これは小中学校の学校図書館整備費として毎年約１３０億円を措置するというもの。ところが地方交付税として出されるため、7割の自治体は他の目的に予算を流用してしまっている。学生が親の仕送りで教科書を買わず、洋服に注ぎ込んでしまうようなものだ。

「地方の議員と話すと、この5か年計画を知らない人も多い。議会も学校関係者も、もちろん父母も知らないという状況があります」

『朝の読書』推進運動のこれからの課題は、こうした状況についての認識を深めるとともに、すでに実施している学校の質をいかに高めていくかだと佐川さんは言う。というのも、「みんなで・毎日・好きな本を・ただ読むだけ」という4原則を守らない学校も少なくない。たとえば、児童・生徒に本を読ませておいて、自分たちは会議をしている教職員がいる。毎日ではなく、週に1回しかやらない学校がある。感想文を書かせたり、その評価をしたりする教員がいる。

問題は子どもの読書ばなれではなく、政治家や教員をはじめ大人たちの読書についての認識であるようだ。

ときおり東大駒場キャンパスの生協書籍部を覗く。人文書がよく揃っている。もちろん私は組合員ではないので、割引は受けられないが。この生協に「読書マラソン」というコーナーがある。本を読んでスタンプを集めよう、というイベントらしい。スタッフに聞くと「半信半疑で始めたけれども、予想外に学生たちが夢中になって、大好評です」と言う。

そこで、全国大学生活協同組合連合会・書籍センターの姜《きょう》政孝さんを訪ねた。

「読書マラソン」の始まりは2003年。大学生協の研修会で中京大学生協から「読書まらそん」はどうか、というアイデア発表があった。さっそく夏休みに中京大生協で「夏は読書まらそん」というイベントを始めた。夏休みの間に本を5冊読もう、と呼びかけ、夏休み明けに指定の用紙に読んだ本5冊の書名と簡単な感想を書けば、生協の買い物が15%引きになる割引券と交換できるというもの。

「じつは東海エリアの生協では、『本を100冊読もう』というキャンペーンをやっていたんですね。なぜ100冊かというと、その前の年に出た斎藤孝さんの『読書力』(岩波新書)のなかで、100冊読むと読書力がつくと書かれていた。だから在学中に100冊読みましょう、と。でもいきなり100冊では目標が大きくて学生にはピンとこない。まずは読んだ本を記録して、読書を継続する癖をつけよう、というのが最初のねらいでした」と妻さんは話す。

結果は予想以上の反響だった。すると、これを聞きつけアレンジして取り入れたのが法政大学多摩校舎の生協。こちらでは「読書マラソンに参加しよう」というリーフレットを作って、お薦め本リストを載せると同時に、推薦書を平台に陳列して「読書マラソンコーナー」を作った。参加者はエントリーしてスタンプカードを受け取る。本を読んだら、スタンプを押すだけでなく、読んだ本1冊ごとにカードにコメントを書くようにした。スタンプを押すカードと、コメントカードを別にしたところがミソだ。しかも、コメントカードをPOPとして店内に本と一緒に展示した。すると、その本がよく売れた。

「学生にウケました。自分が書いたカードが生協に貼り出される。それだけじゃなくて、本も並ぶ。並んだ本を同級生が手に取って見ているわけです。レジに持って行って買う学生もいる。これは面白いというので参加する学生がどんどん増えて、初年度は125人、翌年は322人が参加しています」

2005年は市ケ谷キャンパスも含めると902人が参加している。

現在ではこの法政方式が「読書マラソン」のスタンダードになっていて、スタンプカードとコメントカードは大学生協東京事業連合が作っている。ただし、独自のカードを作っているところも多い。「読書マラソン」の特徴は、生協連が率先して呼びかけたり、方式を決めて各大学に下ろしたのではないところだ。「生みの親が中京大で育ての親が法政大」と姜さんは笑うが、現場で始まりそれが急速に伝わって拡大した。

生協のある大学は全国に212大学（2006年当時）。そのうち「読書マラソン」を実施しているのは114大学。店舗数では、350店舗のうち156店舗。数で言うと半分弱だが、未実施店は医学部など専門書中心で一般の読書とはあまりなじみがないところや、小規模なところがほとんどで、可能な大学、店舗ではほとんど実施していると言える。

大学生協はこれまでも一貫して読書推進活動を行なってきた。ところが、学生が積極的に参加するものはなかった。「読書マラソン」は初めての成功例だ。なぜ「読書マラソン」はうまくいったのだろうか。

「これまでの読書推進活動にはふた通りのパターンがありました。ひとつは大学の先生が推薦図書を羅列するもの。学生時代はこれを読まなければいけない、という上からの押しつけ型です。もうひとつは本のヘビーユーザーというか、本好きが集まってコツコツと書評誌を作るようなパターン。ところが『読書マラソン』はそのどちらでもない。『本を読まなきゃ』と思っているけれどもなかなか手に取る機会がない学生に『こんなのが面白いよ』と教えるツールになった。同級生が『これは面白いよ』と短いコメントで紹介しているわけですから。それと、本を読むたびにスタンプをもらえるという達成感があるからでしょう。いまの学生たちはポイントやスタンプを集めることをほかでもやっていますから」

しかもスタンプを集めるとオマケがある。いちばん多いのはスタンプ10個（本10冊読破）で15％割引の生協利用券がもらえるというもの。通常5％割引の生協では10％割引の利用券のところもあるし、逆に500円の金券と交換という豪勢な生協もあるそうだ。また、30冊、50冊といった区切りに、出版社のノベルティグッズを渡している大学もある。金額にすると大したことのないオマケであっても、学生たちは大喜びするそうだ。金額の多寡はあまり関係ない。

読んだかどうかは、自己申告である。オマケほしさにウソの申告があるかもしれない。しかしそこはあまり厳しく考えていないと姜さんは言う。

「各大学によってやりかたはまちまちですが、たとえば法政大学の場合、コメントがあまりにも素っ気なかったら、『もう少し何か書いたほうがいいよ』とスタッフが一言添えると、次からしっかり書いてきているそうです」

それにコメントはそのままPOPとして公開されてしまうから、たとえペンネームであっても、やはり不正は気がとがめるだろう。

「読書マラソン」の特徴は、生協の販売促進活動ではないという点だ。つまり、読む本は生協で買った本かどうかは問わない。図書館で借りた本でも、家にある本でも、他の書店や古書店で買った本でもかまわない。とにかく本を読むということだけ。また、コメント内容の優劣も問わない。

ただし、2005年からは「読書マラソンコメント大賞」を創設し、第1回目には5119通の応募があった。教職員、学生、院生、生協職員からなる実行委員と特別審査員として雑誌『ダ・ヴィンチ』の横里隆編集長が選考を行なった。いわば「読書マラソン」の副産物としてのお祭りである。

「『読書マラソン』から参加者同士の交流会が生まれるようになりました。法政大学にはもともと読書倶楽部がありましたが、お薦め本の選定や棚の入替えは読書倶楽部がやっています。春の繁忙期には生協の店内に机を出して、『読書マラソン』エントリーの受付までやってくれます」

お茶と菓子を持ちよってティーパーティーが開かれたり、みんなで出版社を訪問しようという学校もある。講演会やサイン会を企画しているところもある。いずれも生協が主導したのではなく、「読書マラソン」に参加した学生たちの自主的な企画だ。

各大学ではこんなに盛り上がっているのに、出版界での認知度はまだまだ低い。ベストセラー類の配本も充分とは言えない。姜さんら生協連としては、個々の大学生協や学生たちの取り組みをどう側面支援していくかが課題だ。

「私たちは日ごろ出版社の営業部門とのおつきあいが中心です。これからは編集者も巻き込んでやっていきたいと思います」と姜さんは話す。

●

「朝の読書」と「読書マラソン」を取材してみて、「若者の読書ばなれ」という紋切り型の言い方が、いかに表面的なものでしかないかを痛感した。きっかけさえあれば、児童・生徒も学生も、本を読むのである。問題は、そのきっかけが与えられていないことだ。こう言うと「いや、昔の学生はきっかけなどなくても積極的に本を読んだ」という向きもあるかもしれない。たしかにそうだろう。だが昔はごく限られた人しか大学に行けなかった。今と昔は違う。大学が大衆化した時代には、それに合った機会づくりが必要なのだ。

［2006年4／5月号］

●附記

子どもの読書離れが深刻だ、といったような紋切り型は、すくなくとも出版界やその周辺ではあまり聞かなくなった。アサドクは確実に広がっている。むしろ大人の読書離れのほうが問題だと考える人が、最近は増えている。しかもそれは大人自身にとって問題であるだけでなく、子どもの読書環境としても問題である。親が本を読まない家庭でいくら子どもに「本を読みなさい」といっても説得力はない。親がテレビを見ているとなりで子どもに読書を強いるのは無理だ。

読書はひとつの習慣であり、いままでほとんど読んでいなかった人が急に思い立って読もうとしても、そう簡単ではない。ここらへんのことは、読書が生活のなかに入り込んでいる出版界はじめメディア業界とその周辺の人びとには想像しにくいことかもしれない。世の中には何の抵抗もなく本を読んで意味をつかむことができる人と、本を読むこと自体にたいへんな労力を要するだけでなく意味をつかむのに苦労する人とがいる。格差拡大が指摘される一方で、日本は世界的にみて格差が小さいという主張もよく聞かれるが、読書あるいは文字文化との親和性に関連した格差は存在するのではないか。いわゆる読み書き能力の格差、本を読む人と読まない人の格差である。私がこれまでに雑誌の取材などで見聞きしたことから考えると、高い読み書き能力を身につける機会が少なかった人は職業選択などの幅も限られるし、さらにはそれが収入の格差にもつながっている。しかもその格差は親から子へと拡大再生産される。

以前、建築に関する取材で、メディア産業とはまったく関係のない人の住まいにおじゃまする機会があった。本棚のない家庭が多いのに驚いた。また、本棚の有無や蔵書数、蔵書の質が、その人の職業や収入に関係あることもなんとなくわかった。日常的に書店に足を運ぶ人は、世の中全体で見ると少数派なのかもしれない。もう何年も書店に行っていない、という人は意外と多い。いや、本を扱うことで生活しているはずの書店員・書店主のなかにも、ほとんど本を読まないという人がいるのだから。

習慣としての読書を身につけるという意味で、朝の読書運動は意義深いと思う。私は最初、この運動について聞いた時、「みんなで一斉に本を読むなんて気持ち悪い」と感じたが、教師が読む本を選んだり、読んだ結果について評価したりしないところがいいと考えるようになった。すくなくとも読書感想文を強制的に書かせるよりもいい。アサドクを経験した児童・生徒のうち何割ぐらいが生涯にわたって日常的に本を読むようになるのかはわからないが、自分で本を選んで毎日少しずつ読んでいくという経験は、将来きっと何らかのかたちでプラスになると思う。

　アサドクの普及を受けてトーハンは「家読（ウチドク）」を提唱しはじめた。家庭で家族みんなで本を読もう、というわけである。いじめや自殺などの社会問題、子供の心の問題と家庭内のコミュニケーションの問題を関連付けて、だからウチドクを、という呼びかけはいかがなものかと思うが（そう主張するにはもっと社会科学的な検証が必要だろう）、子どもも大人も読み書き能力の向上のために家で本を読むのは大いにけっこうだ。

　本など読まなくてもいいじゃないか、本を読むやつだけが偉いわけじゃない、という意見もあるが、読み書き能力が低いと悪い人たちに騙されたり餌食にされたりしやすくなるし（細かな文字で書かれた契約書を精読して落とし穴を見つけるには、それなりの読み書き能力が必要だ）、読み書き能力を高めるには本をたくさん読むのが近道だ。

08 「読書ばなれ」の根拠

「本が読まれなくなった」とか「若者の読書ばなれは深刻だ」とか、まるで決まり文句のようによく言われる（さすがに「活字ばなれ」という言葉はあまり聞かれなくなった。いまや印刷現場でも活字はほとんど使われない）。しかし、具体的に何を指しているのかについては曖昧だ。考えはじめると疑問が次々に出てくる。たとえばいったいいつと比較して本が読まれなくなったのか。いつごろから読まれなくなったのか。本をまったく読まない人が増えたのか。それとも一人あたりの読書量が減ったのか。そもそも、どれくらい読んでいると「読んでいる」ことになるのか。昔の人はどれくらい読んでいたのか。若者でない人は本をよく読んでいるのか、等々。

「読書ばなれ」と言われる根拠は何だろう。ひとつには現場の実感があるかもしれない。たとえば06年に日書連（日本書店商業組合連合会）が行なった全国小売書店経営実態調査によると、85%以上の書店が経営状態について「やや悪くなった」「悪くなった」と回答しており、その原因として「客数の減少」をあげる書店が約84%もある（ちなみに「大型書店の出店」と回答した書店は約45

%）。たしかに書籍と雑誌を合わせた出版物の総売上額は1997年から年々減少し続けている。2004年は辛うじてプラスに転じたが、05年はふたたび前年比マイナスになった。とはいえ、金額で言うと90年初頭のレベルに戻った程度であって、激減と呼べるほど大きく減らしたわけではないし、日本経済全体でデフレが進行してきたことを考えると、この程度の売上減少は世間並みと言えなくもない（だからといって、それでいいとは思わないが）。

あるいは、大学教員をはじめ、世の識者と呼ばれる人びとが、「最近の学生は本を読まない。昔は食費を削ってでも本を買ったものだ」と嘆くのをたびたび聞く。この場合の「昔」は、そう言っている人自身の若いころを指していることが多い。つまり「オレ／ワタシが若い頃は本をよく読んだのに、最近の学生はろくに読んでおらん。洋服や携帯電話やCDにばかりカネを注ぎ込みやがって」という嘆きというか怒りである。しかし人間の記憶はあてにならない。

出版関係者、特に出版社の編集者や営業マンも「読書ばなれ」と言いたがる。自分が編集したり営業を担当したりする本が売れないのは、（本に魅力がないからではなくて）読書ばなれが進んでいるから、というわけである。これは実感として正しい。出版物の総売り上げは1997年から減り続けて90年代はじめのレベルに戻ったと書いたが、この15年間で書籍の年間発行点数は倍になった。書籍の値段が同じだと仮定すると（実際にそれほど大きな変化はない）、書籍1点あたりの売上部数は半分になったということである。1990年にかけていたのと同じ労力・手間暇・才能その他では、半分しか売れなくなったという現実がある。

だが、本1点あたりの販売部数が減ったからといって、人びとが本を読まなくなったとは限らない。本が売れないことと本が読まれないこととは違う。それに、出版界の総売上額はさほど大きく減っていないのだから、「本が売れない」という言い方も正確ではない。

新刊書籍・雑誌の売上統計だけでは、本が読まれているかどうかは判断できない。ブックオフで古本を買って読んでも、図書館で借りて読んでも、友達から借りて読んでも、書籍・雑誌の売上統計には反映されない。この10年ほどの間にブックオフやそれを真似た新古書店が全国に増えたことや図書館の利用者が増えていることを考えると、書店経営者の実感や出版社員の実感だけで「読書ばなれ」を語るのは無理があるように思える。

ところが、読書についての継続的かつ信頼できる調査は、日本ではただ二つしか行なわれてきていない。毎日新聞が行なっている読書世論調査（および学校読書調査）と社団法人家の光協会が行なっている全国農村読書調査である。この二つは戦後間もなく開始され、現在も継続されている。なお、読売新聞も読書に関する調査を行なっているが、こちらは1980年スタートで、毎日新聞や家の光協会に比べるとその歴史はあまりにも短い。

そこで今回は、毎日新聞、家の光協会の読書調査について取材した。

●

毎日新聞の読書世論調査が始まったのは1947（昭和22）年である。毎年9月に調査を行ない、10月に毎日新聞紙上で結果を発表、翌年の春に調査報告の年度版を刊行する。06年春の調査報告書は05年に行なわれた第59回のものだ。

読書世論調査は当初「毎日出版世論調査」という名称だった。これは第1回読書週間のイベントとして始まったものであり、『サンデー毎日』の創刊25周年記念事業のひとつでもあった。なお、同時に毎日出版文化賞もこのとき始まった。

背景には連合国軍総司令部（GHQ）の指導がある。国民の意識を探るためには世論調査が重要だというのである。民間情報教育局（CIE）のなかに輿論・社会調査課を設置して、政府やマスコミの担当者が参加する研究会を行なった。

「当時のことを調べますと、本の広告が取れなくて困っている、という広告部員の話を世論調査担当者が聞いて、読書世論調査のアイデアを出したそうです。どんな本が売れるのか、どんな本が読まれるのかという観点からの調査です。GHQにも相談して、こうした調査をすると日本人の知的水準もわかるのではないか、ということで始まりました」と話す浜田重幸さんは、元世論調査室のスタッフで取材時は事業本部部長委員である。

最初は世論調査というよりもマーケットリサーチに近かったようだ。当時の調査報告を見ると、読者を対象とする第一調査と書店を対象とする第二調査に分かれ、第一調査では読書をしている男女各5千人、計1万人に、読者が推す「良書」について聞き、第二調査では全国の書店436店に「ベスト・セラーズ」について聞いている。現在の読書世論調査とはずいぶん違う。

現在の読書世論調査は厳密な統計学的手法で行なわれている。まず住民基本台帳から対象者を抽出する。対象者となるのは16歳以上の男女。通常の世論調査、たとえば内閣支持率などでは有権者が対象で、年齢は20歳以上だが、読書世論調査については16歳からとなる。300地点から

1地点16人、合計4800人を選び出す。

「まず、この4800人に告知のハガキを出します。読書世論調査のために調査員がうかがいます、というハガキですね。いきなりお邪魔しても協力していただけませんから」と世論調査室次長の相良美成さんは言う。

9月の3日間（金土日）に調査員が対象者宅を直接訪問して調査票を渡し、対象者自身が回答を書き込んだものを後で再訪問して回収する。留め置き法という手法だ。

質問項目は毎年聞くものと、その年だけのトピック的なものがある。毎年聞くのは「マスコミ接触率とその時間」、「1か月平均の読書冊数」、「主に読む本のジャンル」などで、トピック的な質問は、たとえば2005年の場合、「ネット本」、「韓流ブーム関連本」、「フリーマガジン」などだ。具体的な質問は、「マスコミ接触率とその時間」という項目ならば「書籍、週刊誌（マンガ誌を含む）、月刊誌（季刊、旬刊、半月刊、マンガ誌を含む）、新聞、テレビ、ラジオを読んだり、見たり、聞いたりしますか。『読む』『見る』『聞く』と答えた人は、それぞれに費やす1日平均の時間を記入してください」というもので、「ネット本」に関する質問は「昨秋から今年にかけて、インターネット上の掲示板やブログ、携帯電話のサイトから、人気の高い読み物を本にまとめて出版する動きが盛んになりました。インターネットの掲示板『2ちゃんねる』に書き込まれた内容を新潮社が本にまとめた『電車男』は、100万部を突破する大ヒットを記録しました。あなたは、これらの本を読んだことがありますか」といったものだ。

「マスコミ接触率や読書冊数など基礎的な質問は、同じ質問を毎年毎年やるしかありません。

これは一度でも質問を変えたら、過去と比較できなくなってしまいます」と浜田さんは言う。トピック的な質問は、たとえば２００４年は「あなたは、芥川賞、直木賞のことを知っていますか」（この年は、綿矢りさ『蹴りたい背中』と金原ひとみ『蛇にピアス』が芥川賞を受賞して話題になった）や、「最近の図書館は、ベストセラーなど人気の高い本をたくさん購入し、貸し出しています。この傾向をどう思いますか」（図書館の複本購入が作家団体などから批判された）などがあり、２００３年では新書や分冊百科についての質問がある（この年は『バカの壁』がミリオンセラーになった）。

「世論調査で難しいのは質問づくりです。いい質問ができれば、その調査は成功したも同然」と浜田さんは言う。質問自体が誘導になってはいけないし、回答者にわかりやすく簡潔でなければならない。質問は学芸部の意見も聞きつつ、世論調査室で行なう。顧問の数学者から統計学的観点のアドバイスを仰ぐこともある。

さて、問題の「読書ばなれ」だが、総合読書率（書籍、週刊誌、月刊誌のいずれかを読んでいる人の率）は、２００１年の87％に対して２００５年は71％となっている。これだけを見ると「16ポイントも低下！」と言いたくなるが、しかしこれは短期間で見たらの話で、長いスパンで見ると２００１年は特異な年だったとわかる。70年代から90年代なかばまで、総合読書率は70％前後を行ったりきたりしているのだ。書籍読書率を見ると２００５年は51％で、70年代から90年代なかばまで40％台前半を上下していたことを考えると、増えていると言ってもいい。少なくとも、「読書ばなれが深刻だ」というような事態は、統計からは読み取れない。

総合・書籍・雑誌読書率の推移

出典＝『2009年版読書世論調査』毎日新聞社

	1988	1989	1990	1991	1992	1993	1994	1995	1996	1997	1998
総合読書率(%)	73	75	74	71	73	73	73	70	75	70	75
雑誌読書率(%)	63	64	62	60	60	63	62	59	62	58	63
書籍読書率(%)	46	48	47	43	48	48	48	48	49	44	52

	1999	2000	2001	2002	2003	2004	2005	2006	2007	2008	
総合読書率(%)	76	84	87	77	65	71	71	72	75	79	
雑誌読書率(%)	68	80	84	67	58	59	56	60	64	63	
書籍読書率(%)	42	49	59	55	43	50	51	46	49	58	

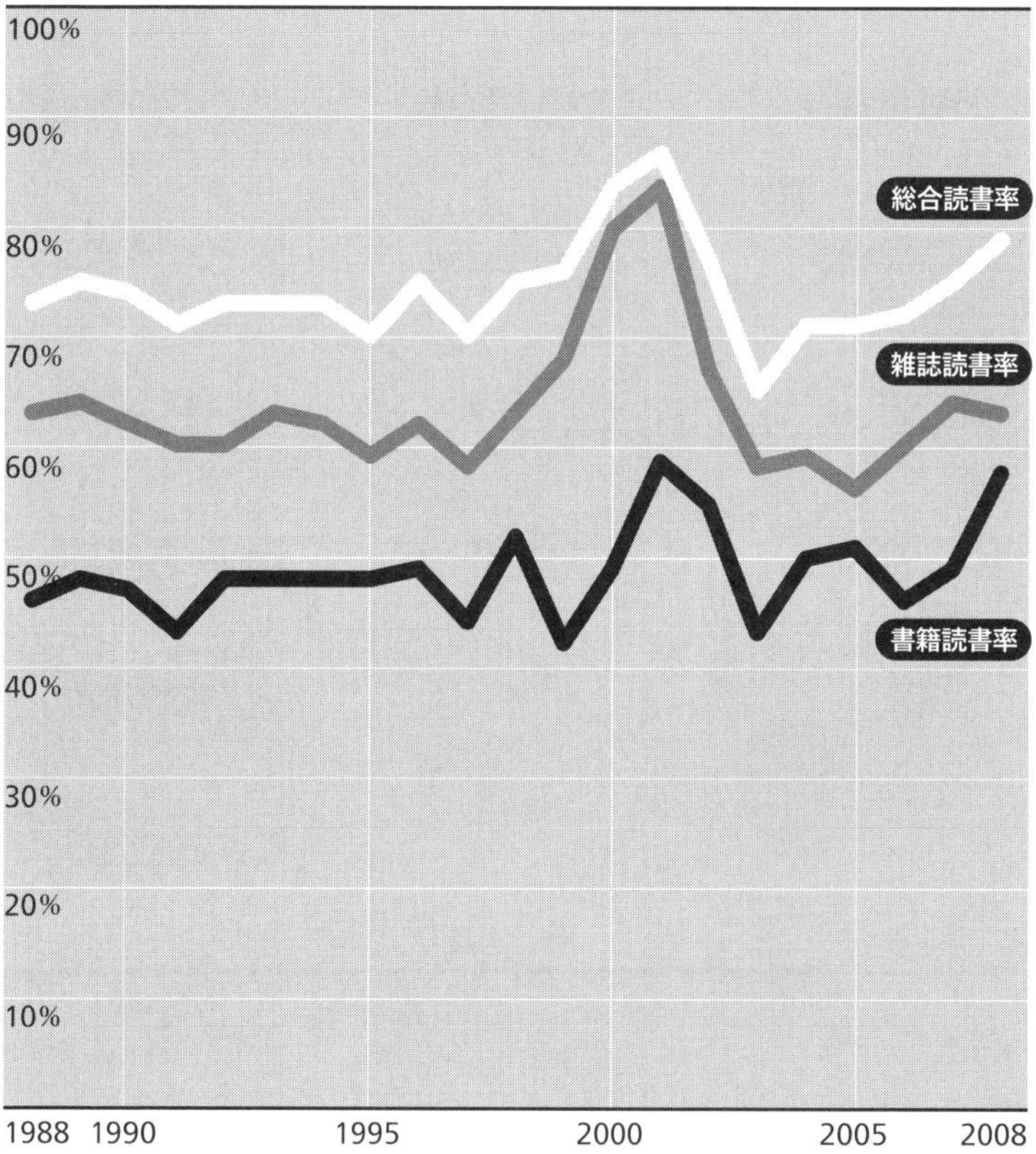

2008年総合・書籍・雑誌読書率の男女・年代・地域・職業別

出典＝『2009年版読書世論調査』毎日新聞社

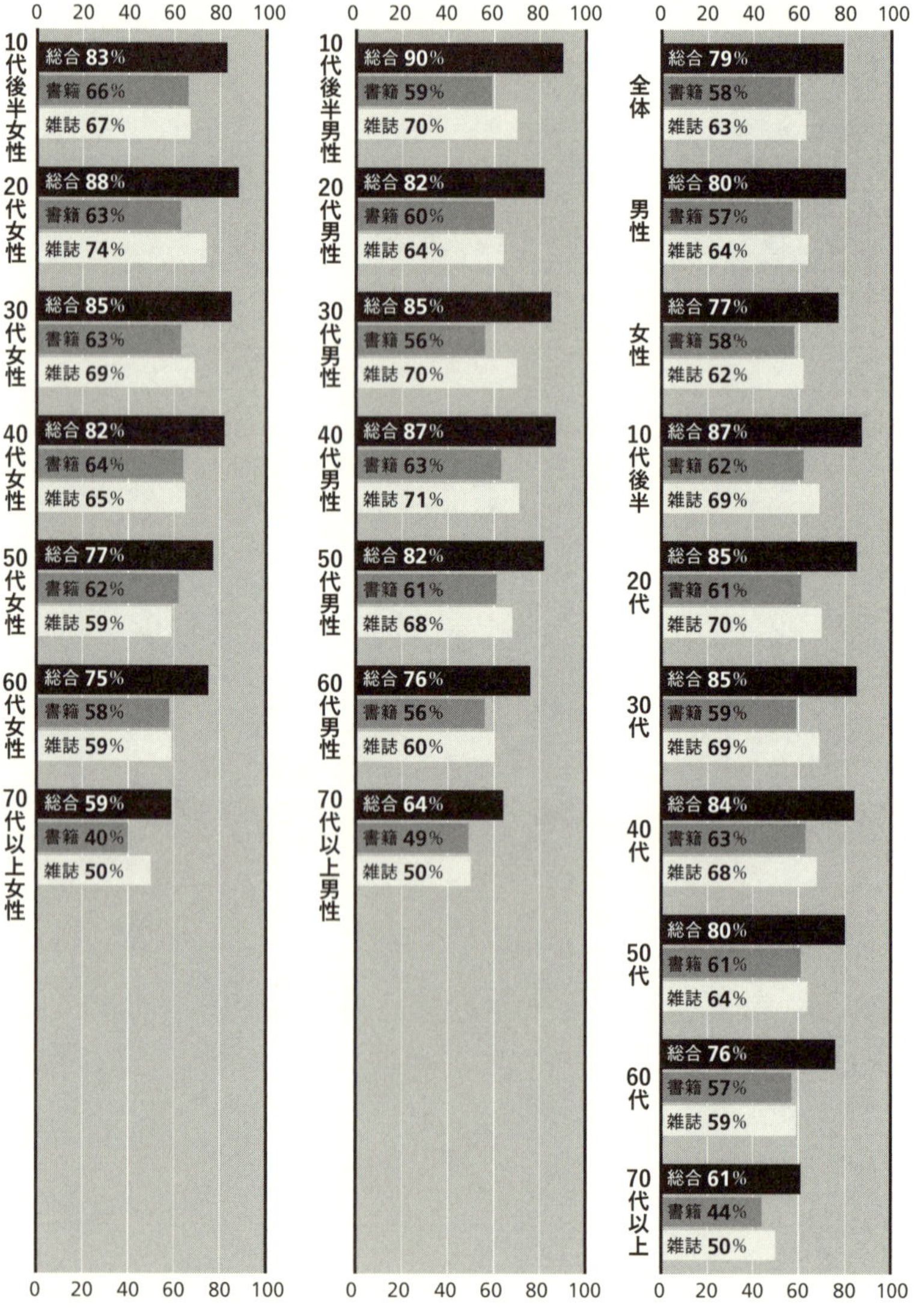
0 20 40 60 80 100
10代後半女性
総合 83%
書籍 66%
雑誌 67%
20代女性
総合 88%
書籍 63%
雑誌 74%
30代女性
総合 85%
書籍 63%
雑誌 69%
40代女性
総合 82%
書籍 64%
雑誌 65%
50代女性
総合 77%
書籍 62%
雑誌 59%
60代女性
総合 75%
書籍 58%
雑誌 59%
70代以上女性
総合 59%
書籍 40%
雑誌 50%
10代後半男性
総合 90%
書籍 59%
雑誌 70%
20代男性
総合 82%
書籍 60%
雑誌 64%
30代男性
総合 85%
書籍 56%
雑誌 70%
40代男性
総合 87%
書籍 63%
雑誌 71%
50代男性
総合 82%
書籍 61%
雑誌 68%
60代男性
総合 76%
書籍 56%
雑誌 60%
70代以上男性
総合 64%
書籍 49%
雑誌 50%
全体
総合 79%
書籍 58%
雑誌 63%
男性
総合 80%
書籍 57%
雑誌 64%
女性
総合 77%
書籍 58%
雑誌 62%
10代後半
総合 87%
書籍 62%
雑誌 69%
20代
総合 85%
書籍 61%
雑誌 70%
30代
総合 85%
書籍 59%
雑誌 69%
40代
総合 84%
書籍 63%
雑誌 68%
50代
総合 80%
書籍 61%
雑誌 64%
60代
総合 76%
書籍 57%
雑誌 59%
70代以上
総合 61%
書籍 44%
雑誌 50%

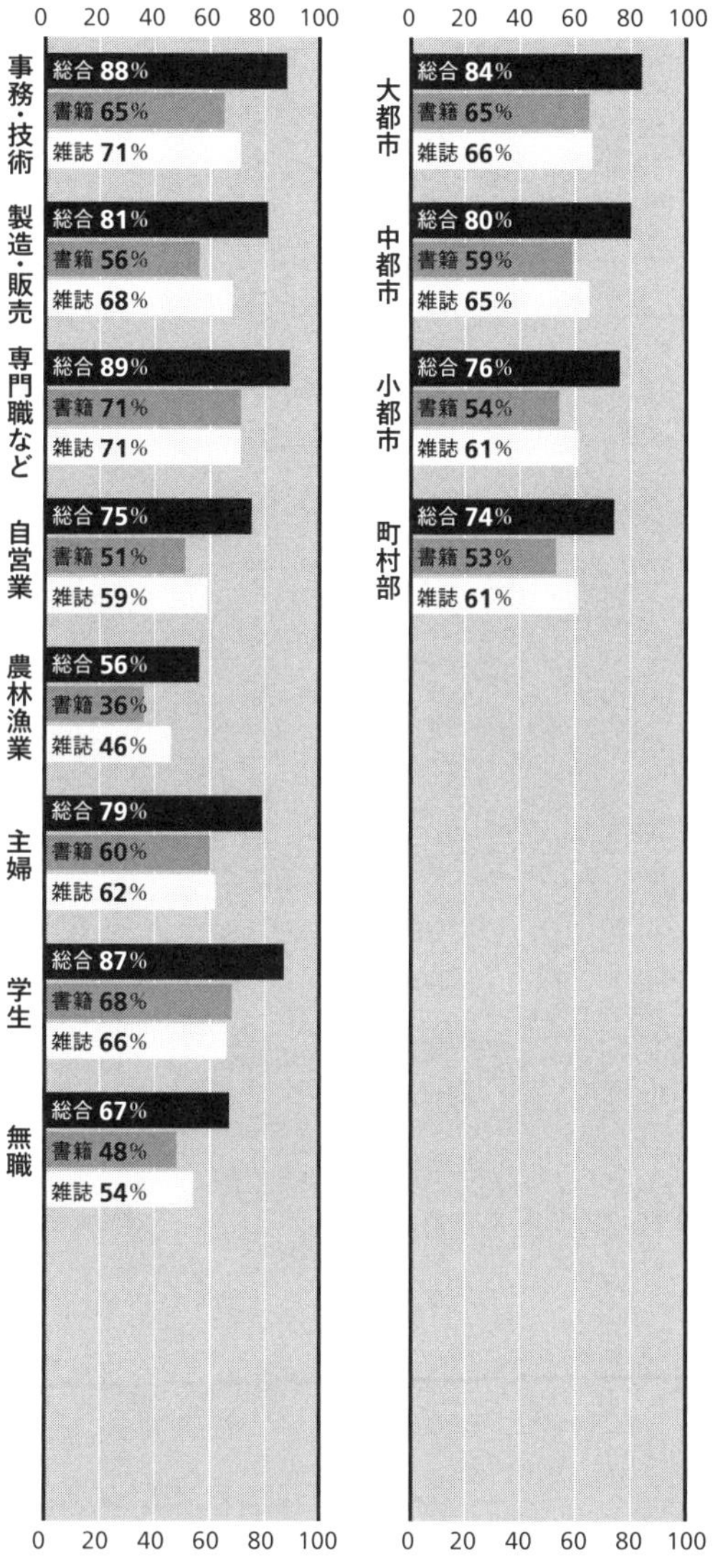
0 20 40 60 80 100
事務・技術
総合 88%
書籍 65%
雑誌 71%
製造・販売
総合 81%
書籍 56%
雑誌 68%
専門職など
総合 89%
書籍 71%
雑誌 71%
自営業
総合 75%
書籍 51%
雑誌 59%
農林漁業
総合 56%
書籍 36%
雑誌 46%
主婦
総合 79%
書籍 60%
雑誌 62%
学生
総合 87%
書籍 68%
雑誌 66%
無職
総合 67%
書籍 48%
雑誌 54%
大都市
総合 84%
書籍 65%
雑誌 66%
中都市
総合 80%
書籍 59%
雑誌 65%
小都市
総合 76%
書籍 54%
雑誌 61%
町村部
総合 74%
書籍 53%
雑誌 61%

●数字は読む割合
●無回答はのぞく

家の光協会による全国農村読書調査が始まったのは毎日新聞の読書世論調査より1年早い1946年だった。

「きっかけは敗戦によって農村に大量の復員者がかえってきたことです。農村が荒廃し、混乱していた。そんななかで、家の光協会の事業母体である農村の文化、生活の実態を調べてみようじゃないか、というのが始まりでした」と家の光協会読書・文化振興部サブリーダーの岡本淳一郎さんは話す。

家の光協会の歴史は古い。1900（明治33）年に産業組合法によって産業組合ができた。家の光は協同組合の思想を啓蒙する部署として出版等を担当した。その後、戦時中の1944（昭和19）年に社団法人全国農業会・家の光協会となり、ほぼ現在の形となった。「家の光」という名称から、宗教団体ではないかと誤解する人もいるようだが、農林水産省所轄の社団法人で、JA（農協）グループの一員である。ただし農協だけでなく、森林組合や漁協も家の光協会の対象である。ちなみに同協会が発行する月刊誌『家の光』は、書店では販売されていないが実売部数は一時期100万部を超え（2006年時点は66万部）、「あまり見かけないのに日本でいちばん売れている雑誌」として、出版トリビアのネタになることが多かった。

「当初の調査は、現在からみるととても幼稚なものでした。内閣府統計調査部の指導や援助を受けてはいたのですが、まだまだ調査技法が未熟でした」と岡本さんは言う。

なにしろ、村に行って子供たちを集め、「これをお父さん、お母さんに渡して」とアンケート用紙を配り、それをまた子供を介して回収するというやり方だった。無作為抽出ではなく有意抽出だ。また調査項目も、読書に関する調査だけでなく、生活に関する調査と思想に関する調査が同時に行なわれた。

「思想調査というと奇異に感じられますが、それだけ農村の荒廃と混乱がはなはだしく、生活や文化を把握しなくては、ということだったのでしょう」と言って岡本さんは苦笑する。

近代的統計理論にもとづく調査になったのは第5回目の1950年から。東京教育大学などの指導を受けて無作為抽出による方法が採られた。以来、現在まで基本は変わらない。

調査は毎年8月に行なわれ、翌年の1月に調査報告が冊子およびwebで発表される。調査対象者の抽出は、まず対象とする農協を無作為に選び出す。当該の農協の正組合員名簿から対象世帯を無作為に選ぶ。さらに住民基本台帳により対象世帯のなかから調査対象となる家族構成員を選ぶ。調査対象は満16歳から69歳だ。全国36地点、合計1228名が選び出される。

ところで、「農村とは何か」という明確な定義はない。農地が占める割合とか、農業従事者の割合など、定義の方法はいくつかありえるが、具体的にここからここまでは農村でここからここまでは都市部という定義もない。また、農協の合併は自治体以上に進んでいて、ひとつの農協のエリアのなかに都市部と農村部が含まれる。都市化した地域ははじめから調査対象から外す。たとえば東京の場合、多摩は対象になるが、世田谷農協は除外される。

「調査には協会の新人職員があたるほか、東北大学をはじめ全国5大学の農学部の学生に協力

総合・雑誌・書籍読書率の推移

出典＝『農村と読書2008』社団法人家の光協会

	1988	1989	1990	1991	1992	1993	1994	1995	1996	1997	1998
総合読書率(%)	84	87	85	82	80	85	83	78	79	79	69
雑誌読書率(%)	78	84	81	78	75	81	80	71	72	71	62
書籍読書率(%)	51	50	47	45	41	54	54	45	46	49	38

	1999	2000	2001	2002	2003	2004	2005	2006	2007	2008	
総合読書率(%)		73	74	76	71	66	65	67	67	67	
雑誌読書率(%)		66	68	69	63	59	58	60	58	56	
書籍読書率(%)		36	34	33	31	29	31	36	40	40	

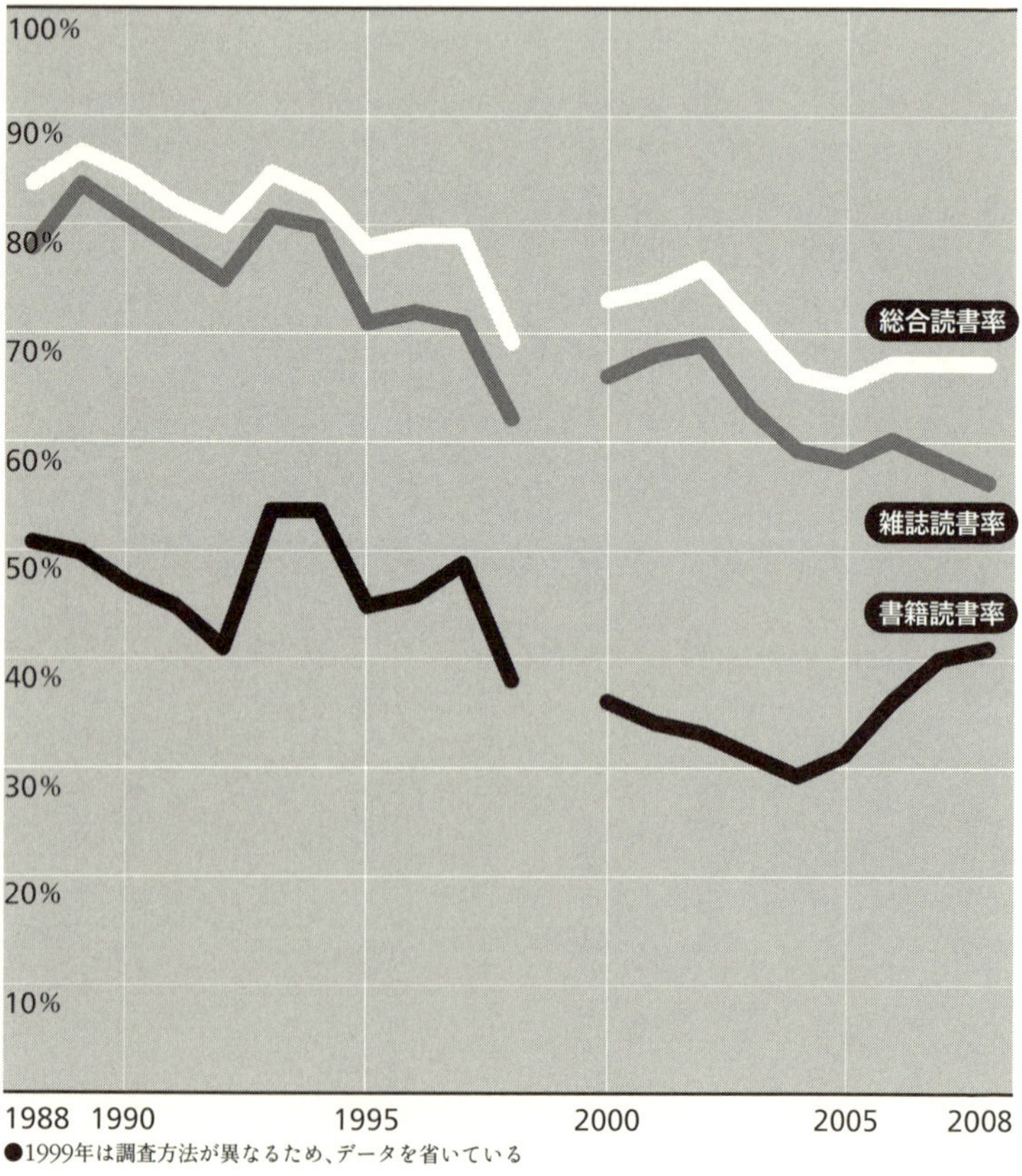

●1999年は調査方法が異なるため、データを省いている

2008年、総合・雑誌・書籍読書率の男女・年代・職業別

出典＝『農村と読書2008』社団法人家の光協会

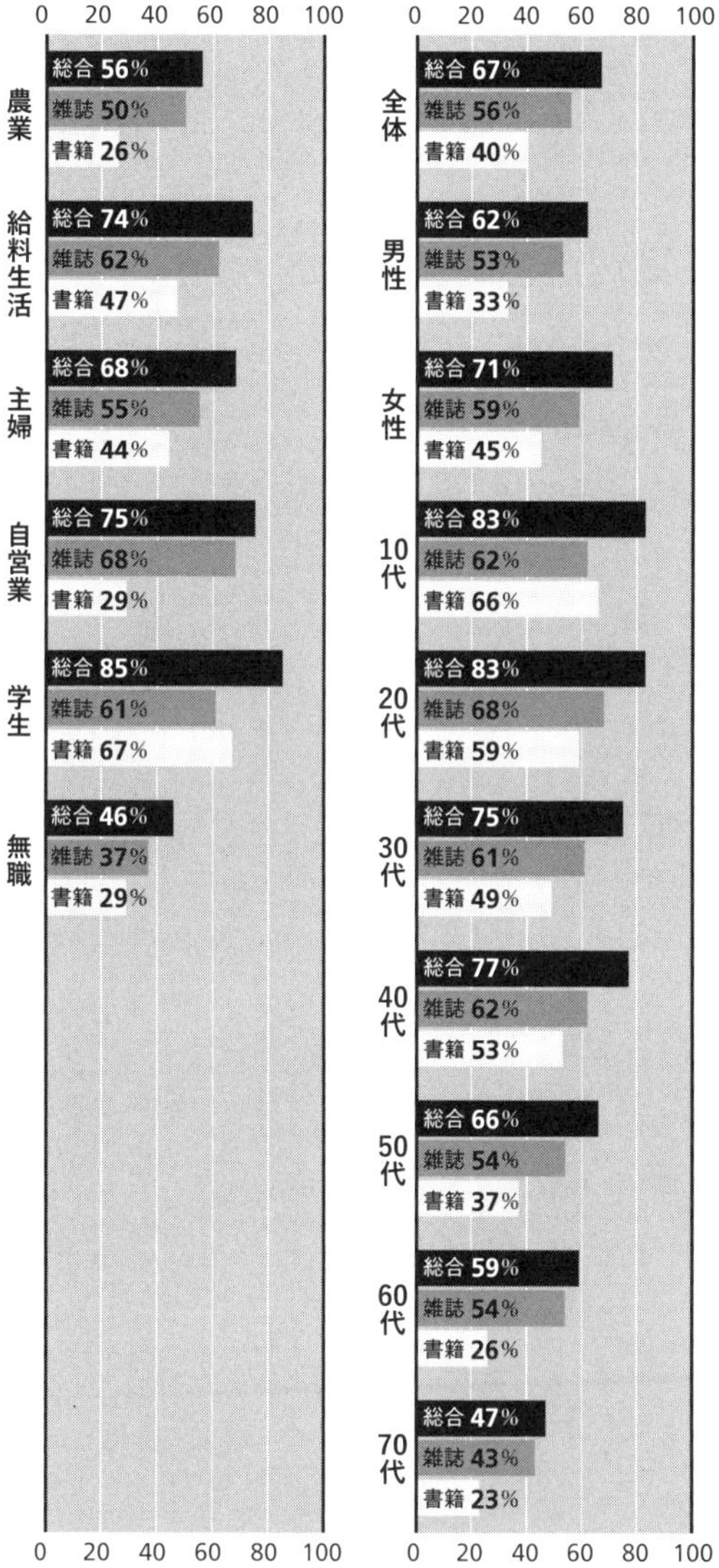

していただきます。家の光協会の職員といっても、実家はサラリーマンで土に触れたこともないという者がほとんどですから。協会の活動対象である農村を知るいい機会になります」と岡本さんは言う。

10年ぐらい前までは調査員が対象者に直接会って聞く面接法だったが、現在は毎日新聞と同じ留め置き法で行なわれる。農村といっても現在は兼業農家がほとんどで、昼間は誰もいないかお年寄りと子どもだけという家庭が多い。面接法では調査しきれなくなってしまったのだ。

調査項目は、たとえば「あなたは、月刊誌をどれくらい読んでいますか」とあって「毎月読む、毎月ではないが時々は読む、読まない」から一つ選び、「毎月読む、毎月ではないが時々読む」と答えた人は具体的な雑誌名や入手先などを答えるようになっている。1ヶ月間の書籍・雑誌の購入金額や好きな作家・著者の名前を問う項目もある。

さて2005年の調査結果はというと、総合読書率は65％で、1989年が87％もあったのに比べると20ポイント以上も下がっている。70年代なかばからの30年間を見ても、上下を繰り返しながら少しずつ右肩下がりになっているのがわかる。たしかに農村においては、読書ばなれがある程度進んでいると言っていいかもしれない。

気になるのは年齢別のデータだ。総合読書率は40代、60代が低く、とりわけ書籍読書率は高年齢になるほど本を読まない右肩下がりのグラフになる。「読書ばなれ」が本当だとしても、主因は若者ではなく中高年かもしれない。

毎日新聞、家の光協会、ともに目下の悩みは調査回答の回収率の低下だという。2005年の読書世論調査の回収率は54%。調査方法が違うので単純な比較はできないが、1947年実施の第1回目は男性93・6%、女性86・1%だったことを考えると、驚くほどの低下だ。5年前の2000年版でも67%あった。2005年の全国農村読書調査は回収率63%である。「回収率が低下しはじめたのはマンションにオートロックが普及するようになった15年ぐらい前からではないか」と毎日新聞の浜田さんは振り返る。そして、これに拍車をかけたのが個人情報保護法だ。家の光の岡本さんは、個人の意識の壁も厚くなったが、それ以上に自治体の壁が厚くなったという。しかし、回収率が下がったからといって、調査方法を変えるわけにはいかない。調査方法を変えてしまうと、過去との比較ができなくなるからだ。

それにしても、出版界はなにかというと「読書ばなれ」を口にするのに、書協・雑協・取協・日書連の業界4団体は、きちんとした統計調査を行なってこなかった。ノウハウも資金もないからといえばそれまでだが、自分たちで実態を把握しようともせずに経営不振の原因を読者に押しつけるのは、そろそろ卒業していただきたい。

［2006年6／7月号］

取次のトーハンが発行する「しゅっぱんフォーラム」07年12月号が面白い特集を組んでいる。題して「通勤電車の読書事情2007」。通勤電車内での過ごし方を調べたものだ。86年、88年、97年、04年に引き続いて5回目。必ずしも統計学的に正確な調査とは言えないが、サンプル人数が1万5千人あまりで、調査期間も10月の連続した8日間と、たんなる「ウォッチング」のレベルを超えている。

興味深いのはその結果だ。車内で書籍を読んでいる人の割合は16・3%。「たったこれだけ?」と思うかもしれないが、86年は9・7%、04年は12%だった。つまり本を読む人は増えているのである。男女比は男性16%に対して女性16・8%とほとんど変わらない。ただし、新聞と雑誌を読んでいる人は男性が圧倒的に多く(新聞は男性11・6%に対して女性は1・9%、雑誌は男性5・1%で女性1・9%)、携帯電話を見ている人は女性が多い(男性12・9%に対して女性20・7%)。

よく「電車の中で本を読む人も減りましたね」なんて言うけれども、それは思い込みにすぎない。「読書ばなれが進んでいる」と思って電車内を見るから、「本を読む人が減ったなあ」と感じるのである。これは「青少年の犯罪が増えた」というのと同じ。統計を見ると青少年の犯罪は激減しているのに、犯罪が増えているように思わされているだけだ。これを「体感治安」などという曖昧な概念で説明して、「犯罪が減っても体感治安は悪化しているのだから、厳罰化や監視強化は必要だ」という方向に持っていこうとする人びとがいるから要注意。出版界も同じ。データの裏付けもなしに「読書ばなれ」を前提にことを進めると間違える。

「最近の書店員は知識がない」なんていう言い方も同様だ。たしかに客の質問に答えられない若い書店員は多い。なにかというとすぐコンピュータの端末を叩きたがる。だが、30年前に比べて出版点数は4倍にも増えているのだ。年間2万点しか本が出ていなかった時代の書店員に比べてもしょうがない。それに、書店の規模も、正社員とパート・アルバイトの比率も昔と変っている。実際に話をしてみると、ベテラン書店員やベテラン書店主のなかにも、ろくに本を読んでいない人はたくさんいる。

おっと、脱線してしまった。

統計データ云々というと「読書ばなれが嘘だろうとなんだろうと、ウチの店が売れないのは本当なんだよ」という書店主の声や、「ウチの本が売れないことには変わらないではないか」という出版社経営者の声が聞こえてきそうだ。

だが、「読書ばなれが起きている」を前提とするか、それとも「読書ばなれは起きていない」を前提とするかで、対処法はまったく異なる。読書ばなれが起きているなら、出版不況の原因は読者のほうにあることになる（読書ばなれを起こさせてしまうような出版界にあるとも言えるけれども）。しかし、読書ばなれが起きていないのに「売れない」のであるなら、原因は出版界の内部にあるはずだ。読書推進も大事だけれども、それだけでは根本的な解決にはならない。

出版社は読書ばなれを前提にして、「売れないからたくさん作る」という行為を繰り返してきた。01新刊洪水の項でも述べたように、背景には再販制度と委託制によって起きた本のニセ金化があるのだけれども、「売れないからたくさん作る」が出版点数の増大と書籍の短命化と書籍の偏在を招き、ミクロでの「本が売れない」状況＝書籍1点あたりの販売部数減少を招いたのではないか。だとすると処方箋は「売れないからたくさん作る」という状態をやめるしかない。

そもそも出版社は「売れない」原因をどのくらい追究してきたのか。編集会議などでも、次に出す本についてはかなり真剣に議論を重ねるようだが、既に出した本について、とりわけ売れなかった本について、どの程度批判的検証ができているのだろう。編集と営業が責任を押しつけ合い、「やっぱり著者の力がいまひとつで」などというところで終わっているのではないか。内容に問題があるとしたら、それはテーマなのか、構成なのか、文章なのか。造本は適切だったのか。値段はどうか。宣伝方法は、書店への配本は、などチェックすべきことはたくさんある。

いずれにしてもデータが足りない。継続して行なわれる大規模な読書調査が毎日新聞と家の光教会、そして1980年から加わった読売新聞の3つしかないというのは寂しい。もちろん同じような調査がたくさんあっても意味はない。「しゅっぱんフォーラム」の通勤電車調査のような、独自の切り口をもった調査がもっとたくさんあると「売れない」原因がはっきりつかめるのではないか。また、ＰＯＳレジもかなり普及しているのだから、販売データなどももっと有効に活用できるだろう。印象と思い込みだけで出版を語るのはそろそろ卒業したい。

09 新書ブーム

新書ブームが続いている（２００７年の年間ベスト20のうち6点がいわゆる教養新書だった。06年も6点が新書。しかし、01年、02年は1点も入っていないし、90年代もそれほど新書が売れていたわけではない）。

これまでも新書ブームは何度かあった。それは正確に言うなら新書創刊ブームであり、ベストセラーリストの半分を新書が占めるような事態ではなかった。しかも、今回のブームがこんなに長く続くとは誰も予想をしていなかった。きっかけとなったのは『バカの壁』だろう。同書が刊行されたのは２００３年の4月。新潮新書が誕生したときだ。それから3年も経っている。流行のサイクルが短くなっていると言われる時代なのに、いったいどういうことなんだろう。

「旅行するお金もないし、長い休暇も取れないし、ワールドカップも終わったし。テレビはドラマもバラエティも退屈だから、じゃあ、本屋に行って新書の2冊か3冊、買って読もうかっていう気になるんですよね。安いし、読みやすいし、ゆっくり読んでも１日１冊で読めちゃうし。いいっすよねえ」

20代後半の雑誌編集者と打ち合わせ後の雑談で、「夏休みはどうするの?」と聞いたらこんな答えが返ってきて驚いた。彼はいわゆるアダルト誌の編集者で、ふだんは読書の話なんてまったくしないのに。

「新書、流行っているみたいだし」と彼はつけ加えた。

そうか、「流行っている」という理由で新書が読まれる時代になったのか。

●

編集者たちは新書ブームについてどう考えているのだろうか。Kさんは中堅出版社新書編集部の若手編集者である。

「ブームと言われても、ウチの新書が売れているというわけではないから……」とKさん。いくらブームと言っても、売れているのは一部のタイトルだけ。それ以外は売れているという状況にほど遠い。新潮新書や光文社新書のように複数のベストセラーを抱えるレーベルはいいだろうが、それでもベストセラーが出たからといって他のタイトルも売れるわけではない。もちろんヒット作が出ることで、書店がそのレーベルを優遇し、読者の目に触れやすくなって、結果的に売上が増えることはあるかもしれない。しかし、むしろ新規参入が増えてレーベル間の競争が激しくなり、仕事はきつくなった、とKさんは言う。

「最近、編集部を見回しても、みんな疲れていますよ」

Kさんは、一口に新書ブームと言っても、いまやレーベルには1部リーグと2部リーグがあり、ブームに乗っているレーベルとそうではないレーベルがあるのではないか、と話す。この1部と2部では取次や書店の扱いも違う。〝格差〟の固定、あるいは拡大である。

1部リーグというのは以前から御三家と呼ばれる岩波新書、中公新書、講談社現代新書。それに新御三家と呼ばれる新潮新書、光文社新書、ちくま新書。2部リーグはこれ以外。あるいは、もしかしたら2部リーグのなかでも分化と格差が広がっていて、いまは3部リーグ、4部リーグまであるのかもしれない。Kさんが作る新書がどのリーグに所属するかはあえて秘す。

「紀伊國屋書店のパブライン（出版社向けの販売データ提供サービス）を見ても、1部リーグと2部リーグでは動きがぜんぜん違う」とKさんは言う。

まずは10万部のヒットを、というのが新書編集者の願いだそうだ。しかし、10万部といえばベストセラーである。簡単にできることではない。

「僕としてはまず5万から、いや確実に3万を売るところからですね」

Kさんによると、1部リーグ、とりわけ新御三家はコンスタントに10万部以上のタイトルを出しているそうだ。

レーベルが乱立して競争がますます激しくなるなら、いっそ出版点数を絞り込んで縮小均衡をはかるべきではないかと私などは思うのだが、Kさんによるとそんな動きは微塵もないようだ（2006年から2007年にかけて、朝日新聞社の朝日新書、幻冬舎の幻冬舎新書、扶桑社の扶桑社新書、学研新書、アスキー新書、ソフトバンク新書、ぶんか社の2ちゃんねる新書まで出た。もう大手、中堅の出版社で新書を出していないところはないといってもいいほどではないか）。

「むしろ編集者を増やして強化しています。発行点数も増やそうという話があるし」

それにしても、いったい誰が新書を読んでいるのだろうか。

「よく中年男性が読んでいると言われますが、たぶんその通りだと思います。調査をしたわけではありません。新書には読者カードも入れていませんし。漠然としたイメージではあるけれども、書店や街中で観察しての実感としてそうですね。若い女性が新書を読んでいる姿は見たことがありません。これでいいとは思いませんが」とKさんは話す。

編集者は常に複数の企画を抱え、同時進行している。Kさんの場合も、「お願いします」と依頼している段階のものも含めると25点前後が進行中だ。

ブームといわれるようになったからか、原稿の持ち込みも多い。もっとも、編集者としては持ち込みだとあまり積極的になれず、引き出しの中に入れたままということもある。最近、自分が預かったのと同じ著者・同じ内容の新書が他レーベルから出て驚いたとKさんは言う。著者の方も同じ原稿を同時に複数の出版社に持ち込むらしい。

「奥付を見たら3刷してました。まあ、口惜しくはありませんが」という言い方が、いかにも負け惜しみっぽくて、ちょっと笑ってしまった。

●

ジュンク堂池袋本店には全社全レーベルの新書が全点そろっている（もちろん、出版社や取次で品切れになっていたり、たまたまお客の購入が相次いでストックが切れてしまったものは除く）。新書売場のスペースも広く、よくある駅前商店街の小さな書店ならまるまる1軒入ってしまうぐらいだ。

副店長の田口久美子さんを訪ねた。

田口さんによると、ジュンク堂ではこの2〜3年、新書の売上が対前年比で150%という勢いで伸びているそうだ(06年の取材時)。出版界で150%というのはかなり異常な数字である。

「やっぱり『バカの壁』が、お客さんにとっての新書の壁を変えましたね」と田口さんは話す。

「新書って、かつては教養書でしたよね。大学の授業の副読本だとか、なにか勉強するときの入門書だった。すごく偉い先生が、読みやすく軽く書いていて、だけど内容的にはレベルが保たれているというイメージです」

こうしたイメージはいわゆる新書御三家、岩波新書、中公新書、講談社現代新書の3大レーベルによって作られた。実際、この3レーベルの既刊リストを見ると、大学の講義で使われたものも少なくないし、著者はそのときどきの学会を代表するような一流の執筆者の名が並んでいる。

「あのころとは、新書の受け取られ方がずいぶん違うと思います。『バカの壁』から、読者も大衆化したし、出版社の側も大衆化した。新書のコーナーに来てくれるお客さんが増えました。なにか面白いものは出ていないだろうか、という気分で気軽に見てくれるようになったんじゃないかしら」

広告・宣伝の量や方法が、単行本などとは違うと田口さんは指摘する。毎朝、毎夕、新聞を開くと出版広告が載っている。読者としては、本は出版すれば必ず新聞に広告が載るもの、ぐらいに感じているかもしれないが、じつは全書籍のうち新聞に広告が出るのはごく一部でしかない。

ところが新書の場合、たいていの出版社は新聞広告を出す。

「新書を出している出版社は大手が多いので、それだけ宣伝力が強いということもあるでしょうね。一般の単行本に比べると、新聞や雑誌の書評欄に取り上げられる確率も高い。ほとんどの新書は発売日を決めていて、新聞以外にもいろんな媒体で露出するように努力していますね。新書ブームといわれる現象の陰には、そうした出版社の力みたいなものも感じます」と田口さんは言う。

そう考えると、Kさんの「1部リーグ、2部リーグ」という言い方も納得できる。ようするに1部リーグとは広告・宣伝費をかけられる出版社の新書であり、2部以下はそれがかけられない新書と言える。たとえば半5段（記事5段分の高さで半ページ分の幅）の広告を全国紙に出せば、それだけで何百万円もかかるのだから。

取材の数日前、「教育費というテーマでゼミのリポートを書かなければならないのだけど、文庫か新書で、教育費について書いてある本はないか」という問い合わせをしてきた学生がいたそうだ。もともとジュンク堂はリポートを書く学生の駆け込み寺的な書店で、メモを持った学生が店内を右往左往している姿はよく見かけるのだが、問い合わせ方が変ってきたと田口さんは言う。

「××についての本」というだけでなく、そこに「文庫か新書で」という枕詞がつく。

「安くあげよう、簡単にあげよう、という意識が見え見えよね」と田口さんは笑う。

課題を出す教師のほうは、書店や図書館、古書店で資料を探すことも含めて勉強だと思っているだろうに、肝心のその部分を書店員に丸投げしてどうする、という気分にもなるが、そうしたことも含めて読者が変化している。しかし、価格の安さが魅力の一つとはいえ、やっぱりゼミのリポートの資料になるような本が新書にある、と学生たちが見当をつけているということをとっても、新書の知的信頼度の高さはあるようだ。単行本に比べると新書はまだ玉石混交の度合いがましというか、石が少なく、書き手をかけるふるいの目は一般の単行本に比べるとかなり細かいのではないか、と田口さんは言う。

「新書の編集者は、著者に対してできるだけ易しく書くようにお願いしている。その事情を読者がどこまで知っているかはわからないけど、少なくとも編集者はそうしようとしているし、専門的な内容を一般向けに易しく書いたものという基本はありますよね」

では、新書は誰が読んでいるのか。

「学生か中年男性の二つですよね」と田口さんは言う。学生は大学の授業で使う。夏休みになると高校生もやってくる。宿題のためだ。

「どうして女性は少ないんでしょうね。不思議よね。どんな商品でも、女性が買えばヒットすると言われますけど、『バカの壁』も『国家の品格』も、新書にしては珍しく女性も買いました。それとも、あれはお父さんに頼まれたのかしら（笑）」

なぜ新書の読者は中年男性が多いのか。テーマのせいかもしれないが、しかし、女性が読んでもおかしくないものだって多いのに。

「不思議よね。文庫は男女関係ないのに。新しい新書が創刊されるたびに、女性読者をターゲットに、と言いますが、結局、買うのは中年男性ですからね」

ある老舗レーベルの新書編集者は、「新書は平台で3割、棚で7割」という言い方をする。新刊の売上が3割で、7割は既刊本の売上だというのだ。ジュンク堂でもこれがあてはまると言う。

「うちはちょっと特殊な本屋だから一般化はできないけど、新書はどれだけロングセラーにできるかが重要だと思う。でもそれは本の力だけじゃないのよね。たとえば背にある整理番号のつけかた一つで、棚の補充のしやすさが変るの。些細なことなんだけど、長い目で見ると、それがロングセラーになるかどうかを決めていたりするのよ」

ジュンク堂の歴代担当者が最も高く評価するのは岩波新書だそうだ。書店員にとって整理しやすく探しやすい。岩波新書の次は中公新書だ。目録を作らない新書は、遅かれ早かれダメになるだろう、と田口さんは予言する。なぜなら、目録を作らないということは既刊本を大事にしないということであり、ロングセラーを育てる気がないということである。発売した瞬間だけ売れればいいというのは出版社の論理だ。書店にしてみると、安い新書よりも雑誌を並べたほうが利益になる。いくら雑誌が低迷しているといっても、新書よりはずっと売れるのだから。

ただしジュンク堂の場合、新書は「ついで買い」の多いジャンルだそうだ。1冊目的の新書を見つけると、同じ著者や関連したテーマのものなど、他の新書も一緒に買う客が多い。だから1冊700円でも、客単価はその何倍かになるわけで、そう考えると単行本と比べても遜色ない。もちろんこれは広大な売場に全レーベル全点置いているから起きる現象だし、関連性を重視した陳列などスタッフの力もあってのことであるけれども。

ジュンク堂池袋本店のようなメガ書店ではない小さな書店ではどうか。東京都心の中規模店で、意外や「新書売場は縮小したい」という話を聞いた。

「これだけ点数が増えると、うちぐらいの規模ではとても全部は置ききれません。いくつかのレーベルに絞って置いていますが、売れるのは特定のタイトルだけなんですね。メガヒットした新書だけが売れる。それなら、売れているものだけ並べればいいかな。縮小を検討しています」と店長は言う。

同様の声は地方でも聞いた。地方都市の郊外店。300坪の売場を持てあまし気味で、ならば新書を増やしてはどうかというと、こちらも店長は「売れる本は限られているので、新書全体としては縮小したい」と話す。

雑誌『世界』の06年8月号に、気になるリポートが載っている。アントワーヌ・シュヴァルツの「無価値な本が支配する」と題されたフランス出版事情である（初出はル・モンド・ディプロマティック、翻訳は橋本一径）。

研究書、専門書が売れなくなっているという状況は日本と同じで、要因の一つが学問の細分化にあるというのも日本と同じ。だが、それに加えて同リポートは「読者は要点に直接たどり着きたがります。短くて読みやすい書物が好まれるのです」という編集者の声を紹介し、〈このような市場の変化に直面して、出版社はラインナップを順応させた。「古典」や質の高い総論だけでなく、時として煮え切らない内容を持つ入門書を、低価格の文庫本として乱発した〉と述べる。

また、〈学者の「衒学趣味」や「専門語」を排除し、分析をもっと「読みやすく」するという口実のもと、知的労働に求められる基準を下方修正しようという傾向が強まっている〉とも。

どうやら日本の新書ブームと似たようなことがフランスでも起きているらしい。だが日本ではこのような辛辣な言葉は浴びせられない。この違いは何なんだろう。

［２００６年８／９月号］

●附記

それにしても、クソみたいな新書が多すぎる！

新書を紹介するコラムを連載しているので（『エスクァイア』と『週刊ＳＰＡ！』）、毎月、できるだけ多くの新刊に目を通すようにしている。ブームで新書が増え、取り上げる本を選ぶのが楽になるかと思いきや、実際は逆だ。出る新書、出る新書、みんなクズばかり。『エスクァイア』（エスクァイアマガジンジャパン）に3冊と隔週で『週刊ＳＰＡ！』に1冊を選ぶのだが、毎回、本選びに苦労する。ただし『エスクァイア』は09年7月号で休刊した。

05年のベストセラー1位は『頭がいい人、悪い人の話し方』（樋口裕一著、ＰＨＰ新書）だった。06年の1位は『国家の品格』（藤原正彦著、新潮新書）だった。07年の1位は『女性の品格』（坂東眞理子著、ＰＨＰ新書）である。なんと3年連続で新書が首位だ。しかもこの3冊がそろいもそろってクズみたいな内容である。もともとベストセラーはクズばかりだが、ちょっとこれはひどい現象だと思う。ケータイ小説やケータイ小説を読む女子中高生たちをバカにしたように言う人びとがいるが、これらの新書もケータイ小説も五十歩百歩ではないか。しかし、クズ新書なんて読まないほうがマシと考えるか、クズ新書でも読まないよりマシと考えるか……。

経済学におけるグレシャムの法則——悪貨は良貨を駆逐する——はちょっと意味が違うけれども、新書ブームと新書の内容の低下を見ていると、クズ本が良書を駆逐する、などと言ってみたくなる。駆逐というか、クズ本の山に埋もれて、真っ当な本が見えなくなってしまっている。

新書ブームが続くのは景気が悪いからだ。消費者の低価格志向が止まらない。『出版データブック』(出版ニュース社)などを見ると、1954年ごろのデフレ期にも新書ブームが起きている。ただしこのときは短期間にデフレがおさまった。10年以上もデフレが続くのは異常だ。

低価格といってもそれは名目上の価値＝定価のことであって、実質上の価値＝内容まで下がっているなら本当の低価格ではない。内容に見合った値段をつけるまで。というか、値段に見合った内容にする。いわゆる安かろう悪かろうの世界だ。ある作家は「新書って、書き手にとっては出血大サービスなのよね」と言う。そりゃそうだ。かつて新書の初版部数は2万部といわれたけれども、ブームと過当競争でだいぶん下がっている。一部の著名作家を除いて、初版は1万部ちょっとというところか。700円で1万部だと、著者の印税は10％として70万円。300枚の原稿を書くのにどれくらいの時間がかかるか。300枚の原稿を書くのに、どれくらいの準備が必要か。それは出版社＝編集者にとっても同様だろう。書き下ろしならぬ語り下ろしや講演録などが増えてきたのには、こうした事情もある。ただ新書の場合は、「新書＝一応ちゃんとした教養書」というイメージが残っているから、実質上の価値が保持されているように見え、内容のわりに低価格だと消費者に思わせるところがある。イメージと現実のギャップを利用した商法だ。この商法はイメージが崩壊すると恐ろしいことになる。こんどは真っ当な新書までクズに見えてくる。90年代に乱発された『別冊宝島』エピゴーネン的ムックやパートワーク（分冊百科）がそうだった。

個人的には内容薄っぺらな新書なんて読む気もしないが、ひとつの商品、あるいは出版ビジネスとして考えると、なかなか面白い。ハードカバーの厚くて重くて面倒な本を読むよりも、コーヒー1〜2杯程度のお金で買えて、サクサクっと読めて、「いいこと」のひとつかふたつが書いてある新書のほうが高い満足感を得られるという人は多いだろう。それはミュージシャンのアルバムを丸ごとCDで買うのではなく、アルバムの中の好きな曲だけをダウンロード購入するのと似ている。知識のトッピング感覚。新書は知識産業のファストフードか。

新書ブームと論壇誌・総合誌の凋落を関連づけて考えることもできる。雑誌にはたくさんの記事、論文が載っているわけで、当然、そこには自分があまり関心を持たないページもたくさんある。ひと昔前は、読みたい記事が2〜3本あれば買う、と言われたものだが、いまはどうだろう。それと、関心のない記事も、一緒に載っているからついでにチラチラと見て、そこから興味を持つこともあった。同じ雑誌に載っているのだから、自分が読みたいこの記事・論文と何らかの関係があるだろう、とアタリをつけたり。それはネット書店やネット上のCDショップで、「この本を買った人は、ほかにこんな本も買っています」とか、「このアーティストと同じ傾向のアーティスト」などと表示されたものをクリックして、さらにそこから芋づる式にたどっていくのと似ているかもしれない。論壇誌・総合誌が読まれなくなったのは、もちろん論壇がつまらなくなったことが大きいけれども、「余計なものまで一緒にパックされたものは欲しくない」という気分が働いているからではないか。それは新聞を読まない人が増えているのも同様だと考えられる。ニュースに関心がなくなったわけではない。でも、読まないページにまでお金を払うのは「ムダ」だという気分が根のところにあるのかもしれない。だとすると、新書ブームや新聞ばなれの向こうで起きているのは、「知的好奇心のタコツボ化」ともいうべき現象ではないのか。特定のものだけに関心を向け、他には無関心になる。しかもそれは無気力的な無関心というよりも、関心を向けたりそこに時間やお金を費やすことを「損」と捉える感情である。目の前の利益に直結しないことを全てリスクと捉える時代の気分を反映している。

もっとも、『バカの壁』や『国家の品格』はネガティブな面だけでもない。新書という器の可能性を広げたのは間違いない。それまでも永六輔の『大往生』(岩波新書、1994年)のように、書き下ろし+聞き書き+講演録というスタイルの新書はあったけれども、それはあくまで永六輔という得意なタレントの芸だから許された面があった。『バカの壁』は、書いていることは面白そうなんだけれどもいまひとつよくわからない学者の話を記者がまとめることで読みやすくわかりやすくした。新書というと偉い学者が素人のために平易に書き下ろすものという丸山眞男や大塚久男の時代に作られたイメージを、『バカの壁』や『国家の品格』は打ち壊した。養老孟司も藤原正彦も解剖学者、数学者であるのだけれども。

また、今回のブームによって新書執筆者の幅がうんと広がった。特に若手の社会学者や経済学者らに発表の機会を与えたことは大きい。新しい人材の発掘に関しては、論壇誌のほうがよほど保守的である。

女性は新書を読まないという神話も『女性の品格』によって崩れた。同書は8割が女性読者とも聞く。最近のヒットした新書では4割ぐらいが女性読者だ。たしかにブームは書き手も読者も広げるのである。

10 書店をディレクションする

六本木ヒルズのTSUTAYA TOKYO ROPPONGI。青山1丁目のBOOK246。銀座松坂屋地下のインテリア売場ファインリファイン書籍コーナー。外苑前と自由が丘にあるインテリア雑貨店シボネの書籍コーナー。表参道のアパレル店ラブレスの書籍コーナー。神宮前2丁目のクルック・ライブラリー。これらに共通するのは、いずれも幅允孝《はばよしたか》さんがディレクションあるいはMD（＝マーチャンダイジング）を担当した「書店」であることだ。

「書店」と鍵括弧にくくったのは、従来の書店とはいくつか違ったところがあるからだ。たとえばTSUTAYA TOKYO ROPPONGIは和書と洋書が混在し、店内にはスターバックスカフェがあり、客は書籍や雑誌を持ったままコーヒーを飲むことができる。BOOK246は旅をテーマにした書店で、和書・洋書だけでなく古書も並び、バッグや手帳、携帯スニーカーなどのグッズもある。ファインリファイン、シボネ、クルック・ライブラリーも、和書・洋書・古書が混在している。たしかに本が売られているから書店には違いないけれども、たとえば『美しい国へ』

（安倍晋三著、文春新書、2006年）も『子育てハッピーアドバイス』（明橋大二・太田知子著、1万年堂出版、2005年）もないし、女性週刊誌もない。従来の書店が、あらゆるジャンルをその規模と立地に応じてアレンジしながら、広く（ときには薄く）まんべんなく置こうとしてきたのに対して、幅さんが手がけたこれらの「書店」では、明確なコンセプトに従って絞り込みが行なわれている。しかも、美術書やデザイン書などの専門書店ともちょっと違う。専門書店は、書評家・作家で、現在はときわ書房の店長でもある茶木則夫氏がかつてミステリー専門店「深夜プラス1」をつくったときの表現を借りるなら、「ないものはない」のが基本。つまり専門とするジャンルの本はあらゆる本を集めるが、それ以外の本は置かないというはっきりとした輪郭がある。こうした、従来の「広く浅く」型でもなければ、「ジャンル限定」型の専門書店でもなく、しかもコンセプトが明確な書店を、私はアパレル業界に倣って、「セレクトショップ型書店」と呼んでいる。

幅さんのような仕事は、一昔前までは職業として成立しなかったのだ。なにしろ取次があまりにも面倒見がいいので、必要とされていなかった。書店を開こうと思う人は、まず取次を訪ねて相談した。取次には開店のアドバイスをする専門担当者がいる。店舗前の交通量調査や開店後のシミュレーションまでやってくれる。どのジャンルの本をどのくらい並べればいいかも考えてくれるし、店舗デザインや什器の手配までしてくれる。店長をしてくれる人材まで探してくれる。

だが、取次のノウハウだけでは、不十分なところも出てきた。取次は基本的に和書しか扱わないから洋書は不得手であるし、古書を混在させるのを嫌う。取次まかせでは、従来の書店の枠から外れたセレクトショップ型書店はなかなかできなかった。幅さんのような人の登場は、時代の必然ともいえる。

今回は幅允孝さんの仕事を中心に、本と読者のつながり方の新たな形を見てみたい。

●

幅允孝さんは1976年生まれ、愛知県の出身。名古屋の高校から慶應大学法学部に進んだが、大学時代に夢中になったのは現代美術だった。

「政治学科って、他の学部のゼミを取っても卒業できたんですよ。そこで僕は文学部美学美術史学専攻の近藤幸夫ゼミに入っていました。一般教養のときの近藤先生の授業にすごく感動したから。いまでも覚えています。ヨゼフ・コスースの『1つおよび3つの椅子』という作品の紹介でした。本物の椅子と、椅子の写真と、辞書のなかの椅子の説明文が並んでいるというコンセプチュアルアート。それを見た時、なんだか世の中のすべてがわかった気分になったんです。あとでそれは妄想だ、実際には何にもわかっちゃいない、と知るんですけれどもね」と幅さんは振り返って笑う。

大学に通いながら日本橋郵便局で夜勤のアルバイトをしてお金を貯め、卒業後はカナダのカールトン大学に短期留学した。カールトン大を選んだのは、プロダクトデザイナーのカリム・ラシッドの出身校だったからだ。

半年の留学を終えて、残ったお金で旅に出た。就職するまえに、見られるだけのものを見たいと思ったからだ。幅さんは「幅的お祭りをめぐるツアー」と呼んでいる。ニューヨーク近代美術館、モントルー・ジャズフェスティバル、ビルバオ・グッゲンハイム美術館、etc。ところがフィンランドでアルヴァ・アアルトの別荘、コエ・タロ（夏の家）を見に行くとき、運転していたレンタカーで単独事故を起こし、旅はあっけなく終わった。

「日本に帰ったけど、職がないんですよ。いまみたいに第2新卒なんてなくて、求人は新卒か経験者のみ。たまたま青山ブックセンターが採用してくれました」

青山ブックセンター六本木店で幅さんの本を商う人生が始まった。美術史を勉強していて、語学もできる。興味を持つとどんどん調べて深いところまでいく。もちろん学生時代から同店ではたくさんの本を買ってきた。そのためか新入社員としてはめずらしく、六本木店の看板的棚であるデザイン・ビジュアル書をいきなり任された。

「本屋がどういうふうに成り立っているのかを、ぐんぐん吸収しました。まるで砂漠に水を撒くように」と幅さんは振り返る。

その後、六本木ヒルズのオープンに先立ってつくられたシンクゾーン（旧東日ビル）内のABC-bis（デザインは吉岡徳仁！）を立ち上げから担当した。

それと前後して、文章を書く仕事も始まった。きっかけは雑誌『AXIS』（アクシス）。編集部が近いこともあって、同誌の編集者とは顔見知りだった。あるとき編集長から、原稿を依頼され、プロダクトデザインに関する本のレビューを書いた。以来、たびたび寄稿するうちに、それを読んだ他誌の編集者からも依頼が来るようになった。

「フリーペーパーに《頑な翁》の話を書いたんですよ。花森安治さんとか北大路魯山人とか、頑固なおじいちゃんが素敵だね、というエッセイ。そうしたら、それを読んだ石川次郎さんから編集者を通じて、会いたいと連絡があって……」

石川次郎さんといえば、マガジンハウスで『ポパイ』や『ブルータス』をつくり、退社後はテレビ番組のキャスターもしていた。いまも編集者、プロデューサー、エッセイストとして活躍中だ。幅さんは初対面のその日に「ぜひ我が社へ」と誘われて、石川さんが主宰する会社、ジェイアイに移る。

「次郎さんには『編集とか、興味ないの？』って聞かれました。書店の現場にいるのはすごい喜びではあったんですよ。1冊の本を、あそこに置くのか、ここに置くのかで、まったく世界が違ってくる。横に置くか縦に置くかでも違う。1冊の本を、ひとりの人の手に取らせて、パラパラめくらせて、さらにレジにまで持って行かせる、その奇跡的な出来事をつくるのが本屋なんだ、ってわかってすごく良かった。でも次郎さんに『編集は？』と問われると、もともと僕は本の全体が好きなんだというのを思い出した」

ジェイアイではカタログや雑誌の編集をした。しばらくして、六本木ヒルズにTSUTAYAを作るので、そのプロデュースを、という仕事がジェイアイに（というか、石川次郎さんに）持ちかけられた。石川さんは、かつて六本木で本を売っていた幅さんをその担当にした、というわけである。

このTSUTAYA TOKYO ROPPONGIに参加した人の顔ぶれが豪華だ。プロデュースは石川次郎、店舗デザインはＬＤＫ（現・カフェカンパニー）、そしてＣＩやグラフィックは佐藤可士和。

こんな贅沢な書店はちょっとない。

「生活に根ざした4つのジャンルで構成しました。食べ物と旅とデザインとアートです」

幅さんは売場のセグメントから、取次の倉庫へ行って1冊1冊、本を抜くこと、そして入荷した本を棚に入れるところまですべてをほとんどひとりで行なった。「いままでの人生でいちばん働いた日々」だと言う。和書の取次は日販だが、洋書は洋販や嶋田洋書などから仕入れる。営業担当者を紹介してTSUTAYAを経営するCCC（カルチュア・コンビニエンス・クラブ）と契約書を結ぶところまでつないだ。

このTSUTAYA TOKYO ROPPONGIでの成功を受けて、カフェカンパニーがBOOK246をつくるときも「幅さんに」という指名で依頼があった。BOOK246の成り立ちについては、拙著『ブックショップはワンダーランド』（六耀社、2006年）を見ていただきたいが、旅をテーマにした10坪の書店をつくるため、幅さんらはヨーロッパに本の買い付けに行った。オンライン古書店（現在は予約制の店舗もある）のユトレヒトを主宰する江口宏志さんもプロデュースに加わったこともあって、BOOK246には新刊書、洋書だけでなく、和洋の古書も並ぶことになった。同店の開店は雑誌『ブルータス』（マガジンハウス）でもドキュメントされた。

「わずか10坪であっても、しっかりコンセプトを決めて、それを高らかに謳って、パブリシティをうまく活用していけば、ちゃんと営業できる、というのをやりたかったんです。僕は代々木八幡に住んでいるんですけれども、駅前の書店がつぶれて不便になりました。既存の書店の多くは、小売業としてのサービス精神が足りなかったり、自分たちからの発信意欲がちょっと少ないような気がします。取次が送ってきた本を並べ替えるだけの書店があまりにも多い。たとえばパリだったら、19世紀文学の専門店だとか、食べ物の本の専門店があるのに」

BOOK246の成功によって、幅さんの書店ディレクション業務の方法が確立した。しばらくして幅さんはジェイアイを離れて独立し、自分の会社、BACH（バッハ）を設立した。以降、ファインリファインやラブレス、シボネ、クルックなどの書籍コーナーをディレクションしている。

新刊の和書だけでなく、洋書や古書を併売することについては、危惧する声もなくはなかった。しかし、取次の内部にも、現状のままではいけないという強い危機感を抱いている人がいて、幅さんの試みを支援してくれている。

「日販の東京支店長、杉本さんには、足を向けて寝られません（笑）。それに応えるためにも、たとえば商品管理はきちんとやって、間違っても返品に古書が混じらないように気をつけています。ただ、それが新刊書か古書か洋書かというのは、お客さんにとっては関係のないことなんですよね。その本が面白いかどうかが重要なのであって。僕はジャンルとか、流通ルートとかに関係なく、すべてのものを等価に見たいと思います」

実際、BOOK246を見ていても、ファインリファインでも、立ち読みしている人たちは、新刊書の隣に古書があり、その隣には洋書があっても、なんの抵抗感も違和感もなく本を手に取っている。新刊書と古書が併売されていることに驚いているのは、我々のような出版業界にいる者だけだ。

「本屋さんをつくるときは、編集の妙というか、『これとこれを組み合わせてカテゴリーをつくって、こう見せる』というのが基本的なやり方ですよね。そのとき僕は、編集というのは落差をつくることだから、『ここに古書があると面白いだろうな』とか、『いきなりマンガがあったら笑えるだろうな』と考えたりする。もはや僕にとっては、古書はあってあたりまえのもの。古書と新刊書を分けてしまったら店はつくれないかも、と思うぐらいですね」

幅さんの話を聞いていて連想したのは、ヴィレッジヴァンガードをつくった菊地敬一さんのことだ。同店については拙著『菊地君の本屋』（アルメディア、1994年）を読んでいただくとわかるが（と、自分の本の宣伝が多くてすみません）、本も雑貨のひとつである、というのがヴィレッジヴァンガードの画期的だった。雑貨も本であり、本もCDもグッズ類も等価なものとして扱ったのがヴィレッジヴァンガードのエネルギーの源だ。それは幅さんのいう「落差」の演出でもあるけれども、お客さんにとっては本の隣に雑貨が並んでいても何の不思議もないことなのだ。

「洋書や古書の併売について、僕はそんなに重く考えていないんです。そもそも、書店業界、出版業界をどうこうしようと思ってこういうことをしているわけでもないし。気にしていないというと、失礼かもしれませんね（笑）。僕は紙に印刷された情報のフェチなので、それを『面白いでしょう？　どうですか、手に取ってみませんか？』と呼びかけたいだけです。お客さんが面白がってくれて、僕も楽しければ、それでいいんじゃないかな」

いまのところ幅さんのクライアントはTSUTAYA TOKYO ROPPONGIを例外として、出版界以外の法人ばかりだ。従来だったら、書店を開きたい、書籍売場をつくりたいと思えば、直接、取次に相談していただろう。それがなぜ幅さんに依頼してくるのだろうか。

「うーん、どうしてでしょうね」としばらく考えて、幅さんは言葉を続けた。

「本に関心があって、本が好きなんだけど、でも、出版流通のシステムってなんだか面倒臭そうだとか、恐ろしいものだと思われているのかもしれません（笑）。流通システムだけじゃなくて、出版業界そのものが確固としていて、外堀、内堀が深そうだな、と」

そこに幅さんのような人が登場したことによって、「あのTSUTAYAをやった人ならば」と相談や依頼をできるようになった。本の（流通の）世界へのハードルを下げたのかもしれない。読者にとっても、書店ではなく雑貨店で本に出会えるようになった。ハードルは低く、間口は広く、である。

もうひとつ幅さんが指摘するのは、「情報を摂取するための本ではなくて、風景としての本へのニーズ」の高まりだ。60年代、70年代の百科事典ではないが、そこに本があることによって空間のイメージが変わる。

「白い壁があったとき、昔だったら、どんなポスターを貼ろうか、どんなアートピースを飾ろうか、と考えたでしょう？　いまはその選択肢のひとつに、かっこいい本が並んでいる本棚があると思う」

本には独特の存在感があるし、「こういう本が並んでいたらモテるかも」とか「賢く見えるだろう」といった幻想も含めて、さまざまなイメージの喚起力がある。

いま幅さんの仕事は書店のプロデュース、選書のディレクションにとどまらない。どんどん拡張しつつあるのだ。

幅さんは、本と本棚を一緒に売るプロジェクトを考えている。たとえばそのひとつ、『生きる本棚』という作品（?）は、本棚のデザインはアートディレクターの森本千絵さん。木の小さな本棚の上部にはハーブが植えてある。棚の中の本を選ぶのが幅さん。リー・フリードランダーの植物の写真集があったり、H・D・ソローの本があったり、『柳宗民の雑草ノオト』があったり。

「個人で買うというよりも、店舗とかショールームとか、そういうところにニーズがあるんじゃないかと思っています。本って売れないといわれるわりに、フォルムとか雰囲気とかが愛されているでしょう？　僕としては単純に『本が面白い』と思ってくれる環境を広げたいと思っているだけなんですけれども」

本は本屋で、という枠を壊し、本棚を街の中に解き放つことで、本と読者の新しい関係が見えてくる。

［2006年10/11月号］

●附記

「金太郎飴書店」という言葉がある。どの書店も品ぞろえが同じじゃないか、まるでどこを切っても金太郎、という意味である。この言葉を使ったとき、独立系書店＝いわゆる「町の本屋」のご主人たちからかなりの反発を食らった。「好きで金太郎飴をやっているんじゃない。出販流通の現状がそうなっているんだ」という反論もあれば、「中小の書店は個性的だ。大型店の方がよっぽど金太郎飴的ではないか」という批判もあった。後者の意見は、金太郎飴書店批判に小規模店批判の匂いを嗅ぎ取ってのことだろう。

ただしかし、日ごろいろんな書店を見て歩いている身としては、やはり多くの書店は金太郎飴と言われてもしかたないと思う。

金太郎飴化の理由は、商品の選択が個々の書店によってではなく取次によって行なわれているからである。

「配本」という言葉がある。書店に本を納入することを指す。配給を連想させるが、実態はまさにそうだ。たとえば書籍を1万部作ったとする。その書籍をどのように「撒く」か。一般の商品なら個々の小売店から注文を取り、その注文数に応じて納入するだろう。もちろん書籍の場合も書店が出版社に注文をすることはある。だがそれはどちらかというと少数で、ほとんどは取次によって配本される。1万部の書籍では全国すべての書店には行き渡らない。日本にはおよそ1万6千店の書店がある。1冊ずつ納品しても6千店はあぶれてしまう。実際には10冊も20冊も仕入れる書店があるので、1万部の本が並ぶのはせいぜい数千店だろう。

どの書店に何冊配本するかは、規模と立地と実績で決まる。都心の大型店にはたくさん配本され、郊外の中型店にはちょっぴり。小さな店にはほとんど入らない。書店が積極的に注文を出さない限り、同じような規模と立地の書店は、同じような品ぞろえになる。これが「金太郎飴化」の原因である。

もっとも、金太郎飴が必ずしも悪いとはいえない。売れるものを広く配本して、マイナーなものを限定したところで売るのは合理的だ。ピンポイントで見るといろいろとミスマッチがあるかもしれないが、マクロで見るといちばんムダがない……はずである。

しかしこうした配本システムは、1970年代までの書店事情を前提としたもので、70年代後半以降に起きた多様化は、おそらく想定していなかった。70年代以降、日本の書店界には郊外型書店（＝都市の郊外のロードサイドで、広い駐車場を備えた書店）、複合型書店（＝レンタルビデオ店などとの複合）、専門書店（＝児童書専門店、漫画専門店など）などが誕生し、ヴィレッジヴァンガードのような業態も登場した。

幅さんがクライアントとしている、インテリア雑貨やアパレルなど異業種の小売店が店内に書籍のコーナーを設けるようなことも、おそらく想定していなかった。ここに幅さんのような仕事が成立する余地がある。

90年代以降、書店の輪郭が溶けてきている。ヴィレッジヴァンガードは看板に「遊べる本屋」と書いてあるけれども、初めて見た人は何屋かわからないだろう。名古屋とその周辺だけで展開しているうちは「変わった本屋がある」という程度の認識で済んだが、北海道から沖縄まで全国に展開するようになると、もうこれは「変わった本屋」では済まされず、ヴィレッジヴァンガードという書店でもなければ雑貨屋でもない新たな小売業が成立したと考えなければならない。

シボネなど雑貨店が本を扱うのも同様で、雑貨店の片隅にインショップ的に本が置いてあるというよりも、本も込みでその雑貨店が成立していると考えるべきだ。

輪郭の溶解は「書店」の内部でも起きている。新刊書・古書・洋書の輪郭がどんどん曖昧になっている。新刊書店の経営者に話を聞くと、洋書や古書を扱うことへの抵抗感はまだまだ強いが（その主な理由は取引条件だ。洋書や古書は買い切りである。売れ残った場合どうするかを思い悩んで、洋書・古書の扱いには二の足を踏む新刊書店が多い）、読者の方は関係ない。なにしろアマゾンを見れば、新刊書と古書（マーケットプレイス）が同時に出てくるし、洋書のページにも簡単に飛べるようになっている。読者の感覚に比べると、出版流通界の意識はかなり遅れている。

もうひとつ輪郭の溶解ということで言うと、アウトレット本（いわゆる特価本、自由価格本。価格拘束をはずれた本）についての扱いもそうだ。京都の三月書房は早くからアウトレット本を扱ってきたし、ジュンク堂池袋本店や東京堂書店、三省堂書店本店など、一部の大型店にはアウトレット本の常設コーナーがあるが、一般の書店ではめったに見かけない。アウトレット本は出版社の過剰在庫を安く売るもので、再販制度には抵触しない。アウトレットにしなければ断裁して古紙にするしかないものを、安い値段で読者に手渡そうというのだから、書籍の本来の目的である「読まれる」ということからすると大変けっこうなものなのに。書店にとっても一般の本を売るより利益が大きい（非再販商品なので売値は書店が自由につけられる）。抵抗感が強いのは、やはり買い切りだからか。それとも非再販商品を扱うことが再販制度の崩壊につながるとでも思っているのか。

書店や出版流通の現状を見ると、幅さんの活躍が痛快でならない。

11 本屋大賞と読ませ大賞

いまや文学賞は星の数ほどある。だが、日ごろ文学の動向にさほど関心のない人びとにまで知られている賞といえば、芥川賞・直木賞などいくつかあるだけだ。その芥川賞・直木賞にしても、前回の受賞者が誰だったかすぐに思い出せる人は少ないだろう。そう考えると、本屋大賞が第1回から注目されて、たちまち芥川賞・直木賞並みの知名度となったのは驚くべきことと言わなければならない。しかも本屋大賞はそれまで授賞だの選考だのということとは無縁の素人が手作りで始めた賞だ。賞金もたった10万円、それも現金ではなく図書カードという賞である。

この本屋大賞の設立や運営の中心となってきたのが杉江由次《すぎえゆうじ》さんだ。『本の雑誌』を発行する本の雑誌社の営業マンである。そして、本屋大賞が文字通りの大きな賞となって一番びっくりしているのが杉江さんなのだ。

本屋大賞のそもそもの始まりは、日ごろの営業活動中、あちこちの書店員から聞いた既存の文学賞に対する不満である。とくに直木賞が槍玉に上がることが多かった。

「みんな不満があるんですね。そのうち、自分たちで選んでみたいよね、なんていう声も聞こえてきました。あくまでお茶を飲みながらの愚痴なんですが」

とくに書店員の不満が沸騰したのが2002年下半期（2003年1月決定発表）。このときは横山秀夫『半落ち』（講談社）や角田光代『空中庭園』（文藝春秋）といった候補作がありながら、受賞作なしという結果に終わってしまった。書店員にとっては、受賞して欲しい作家・作品が選ばれなかったというショックに加え、受賞作がない、つまり売場が盛り上がらない、売上が伸びない、というショックが重なる。

「web版『本の雑誌』の企画で何人かの書店員さんと飲んでいたんですけど、自分たちで選びたいね、っていう話で盛り上がりました。でもそれはまさかできるわけないと思っての与太話ですよ。ところが同席していたwebのシステム担当の人が、簡単にできますよと言うんですよ。システムを組んで、ホームページを作って、そこで投票すれば集計も簡単ですよ、と」

これと前後して、都内の有名書店員が集まる飲み会があり、出席者のメーリングリストができた。このメンバーがほぼそのまま実行委員となって、本屋大賞が急に決まった。投票権を持つのは書店員。「面白かった本」「お客に薦めたい本」「自分の店で売りたい本」を選ぶ。第1次投票で票が集まった上位10作をすべて読んだ人だけが第2次投票に参加できる。インターネットが普及しなければ実現できなかった賞だ。

といっても、当初は仲のいい書店員たちの、ごく内輪のお祭りという気分だった。投票者数にしても、目標は1次が100人、2次が30人というつつましやかなもの。各実行委員が知り合いに声を掛ければ、なんとかこれくらい集められるのでは、という数字にちょっと上乗せした目標値だ。

「大賞に選んだ本を出版社が2千部か3千部重版してくれて、もし帯でも付けてくれたら万々歳だね、と話していました」と杉江さんは振り返る。

選考対象は過去1年間に出た日本の文芸作品である。どうして文芸作品だけなのか、文芸以外にもいい本があるではないか、という声はよく聞かれるが、当初から実行委員会でも議論されたという。

「最初はノンジャンルで準備していたんですよ。でも、もし投票者が少なくて、さらに票がばらけて、たった3票で受賞なんてことになったらみっともないぞ、と心配する声があがりました。そこで、票を集めるために範囲を狭めて、国内の小説に限ることにしたんですよ。もちろん対直木賞ということもありましたけど」と杉江さんは言う。

ところが第1回目の一次投票に191人、2次投票には93人が参加し、杉江さんたちの背伸びした目標を大きく上回った。

第1回本屋大賞『博士の愛した数式』(小川洋子著、新潮社、2003年)の発表&授賞式には私も参加したのでよく覚えている。会場となった出版クラブのホールには出版界の関係者だけでなく、新聞社やテレビ局の記者もつめかけ、まるで通勤ラッシュ時の山手線並みの混雑となった。立食パーティなのに食べ物にも飲み物にも近づくことすらできないほど。実行委員会の予想をはるかに超える反響だったのだ。

これは私の解釈なのだが、あの場に集まった人たちに共通してあったのは、芥川賞・直木賞など既存の文学賞に対する不満と、新しく誕生する賞への期待だったのではないか。とにかく異様な熱気だった。浜本茂『本の雑誌』編集長がスピーチで言った「打倒！　直木賞」は拍手喝采された。

ところで、選ぶだけでなく、売るというのが本屋大賞の目的である。選んだ本をそれぞれの書店員が自分の現場である書店で売る、読者に伝えようというのだ。働いている書店の違いや地域の違いを乗り越えて、全国の書店員が一緒に売る。そのときは大賞受賞作の横に、「当店の本屋大賞」「私の本屋大賞」を並べて売ろう、というのが始まりだ。杉江さんが出版元の新潮社にお願いしたのは、参加した書店員のいる書店には最低でも各5冊は配本してほしいということ。結果、ひとまず4千部の重版が決まった。

「僕は小さい版元にいますから、4千部でも『すごい！』と興奮したんだけど、大型書店に勤める実行委員からは、たったこれっぽっちじゃ勝負できない、って叱られました」

その後、『博士の愛した数式』はベストセラーとなり、文庫版を含めると200万部のメガヒットとなった。そしてそれは同時に本屋大賞の知名度注目度も上げていくことになった（同作は読売文学賞も受賞しているのであるが）。

本屋大賞のスタート前後から、空前の書店員ブームとでも呼ぶべき現象が起きている。本の帯に有名書店員のコメントがつき、新聞広告にも登場する。書店員が書評を寄稿する週刊誌もあるし、読売新聞のサイトでは全国の書店員が交替で本を推薦している。

ところが、大多数の書店員と、こうした（「きらいな言葉だけど」と杉江さんは前置きしたが）カリスマ書店員との間に、一種の乖離が生じてきたようにも見える。書店員の横の連帯を目指した賞なのに、一部のメンバーにスポットライトが当たることで、分断が生じてしまうのではないかと心配する実行委員もいるそうだ。「本屋大賞受賞作」というPOPをつけて本を売る書店員が、自分もその書店員のひとりだという当事者意識がないまま、本屋大賞も芥川賞・直木賞と同じような賞のひとつとして扱ってしまっているのかもしれない。

そもそも、実行委員たちの予測を大幅に超えたとはいえ、第3回でも投票に参加した書店員は1次投票で368人、2次投票で290人。日本にはおよそ1万7千弱の新刊書店があるから、投票資格があるのはざっと10万人はくだらないだろう。その全体からすると、本屋大賞の参加者はまだまだ少ない。

また、第3回の受賞作が、すでにミリオンセラーになっていた『東京タワー　オカンとボクと、時々、オトン』（リリー・フランキー著、扶桑社、2005年）となったことで、批判もずいぶん聞かれるようになってきた。

「じつは当初から実行委員会でも議論されてました。ベストセラーが選ばれたらどうしよう、と。なにしろベストセラーはたくさん配本され、売れているんだから、それだけ読んでいる書店員も多い。でも、それはそれでいいんじゃないか、というのが結論でした。それが本屋の現状だ、というところから出発しよう、と。もし『東京タワー』を選んだことを批判されるのなら、これが書店員の現状ですよ、と言うしかありません」

もっとも、書店員たちはたんに賞を作ってお祭り騒ぎをしようというだけではない。杉江さんの話によると、参加する書店員が最も関心を持つのは他の書店員がどんな作品に投票してくるかなのだという。自分が気付かない面白い本があるのではないか、と気にしているのだ。知らない本を見つけたら、それを仕入れ＝品ぞろえに反映させようと虎視眈々。いわば賞を通じた情報の共有化が書店員の間で起きている。これが全国の書店の仕入れに生かされれば、店頭の活性化につながり、読者の利益にもなるだろう。

「ある新聞記者から聞いた話ですが、中学校の先生が生徒に本を薦めるのに、本屋大賞のノミネート作（一次投票の上位10点）リストを活用している例もあるそうです。僕たちの予想を超えて、賞の影響が広がっていますす」と杉江さんは言う。

第4回本屋大賞が決まるのは2007年4月。第1回がミリオンセラーをつくり、第3回はミリオンセラーを選んだ後だけに、第4回で何が選ばれるのか注目される（第2回の受賞作は、恩田陸の『夜のピクニック』新潮社）。

●

本屋大賞が本屋さんの選ぶ賞なら、読者が選ぶ賞を、ということでつい最近始まったのが読ませ大賞だ。10月27日、文字・活字文化の日の全国紙には、イメージキャラクターの押切もえを使った全面広告が掲載された（地方紙50紙には、26日と27日、全3段の広告）。主催するのは財団法人出版文化産業振興財団（ＪＰＩＣ）。

読ませ大賞は「好きなあの人に読ませたい」本を選ぶ賞。「好きなあの人」は一人だけとは限らないし、友人、親、きょうだい、恋人、上司、同僚、とにかく誰かに薦めたい本を、一人で何冊でも選べる賞だ。また、本屋大賞が過去1年以内に出版された日本の小説に限定しているのに対して、読ませ大賞はいつ出た本でも、どんなジャンルの本でもかまわない。投票はインターネットとハガキ。

ＪＰＩＣの事務局長、中泉淳さんに聞いた。

「きっかけは昨年できた文字・活字文化振興法です。何か企画をということで予算も取りました。また、今年6月の理事改選では、振興法づくりの先頭に立っていた肥田美代子元衆議院議員が当財団の理事長となりました。これはもう一生懸命やらないと（笑）。どんなことができるだろうかと各方面の皆さんとご相談して、電通から提案があったのが読ませ大賞です」

読ませ大賞にはさまざまな企業、団体、個人が関わっている。ｗｅｂサイトの設計などは日本のドメインを管理する日本レジストリサービスが、日本語ドメインＰＲの一環として引き受け、広告類のデザインは電通、新聞広告には新聞社が協力し、地方紙の広告には出版社と博報堂も協力した。全国の公共図書館等にポスターを配るのは図書館流通センター（ＴＲＣ）の、書店には日本出版取次協会と取次各社の協力があった。その意味では、文字・活字の文化に関わるすべての業界、団体が協力している賞である。

ポスターに押切もえが登場するのは、彼女が日ごろから大の読書好きだと公言しているから。それも太宰治の名作から梨木香歩の現代文学までと幅広い。

「本は最終的に読者が読んでどう評価するかなのだと思います。偉い人が選ぶ芥川賞や直木賞、本屋さんが売りたい本を選ぶ本屋大賞。それぞれが努力して読者の手元に届くわけですから、こんどはそれを読者がどう受け止めたのかを聞きたい。それで読者の投票による賞を作りました」

読ませ大賞にはこれまでの賞にない特徴がいくつかある。まず、投票するときは、読ませたい人に宛てて本に添えるコメントも書くようになっていること。二つめは投票者の属性を記入すること。性別、年代、住んでいる場所、職業などだ。そして三つめは投票の途中経過がサイト上で見られること（ただしネットでの投票のみ）。

「コメントもリアルタイムで見られるようにするのは簡単なんですが、万が一悪意ある書き込みがあった場合の対応など運営上の問題点もあるので、とりあえずランキングだけ公開しています。最終的にはコメントのなかから面白いものを公開したり、出版社が帯に使うなり、書店がPOPに使うなりしていただければと思います」と中泉さんは言う。

属性のデータが意外に面白い。××に住んでいる、××歳代の男性で、職業は××の人が読ませたいと思っている本のランキングは、などという使い方ができる。本稿を書いている時点では、中部地方に住む、40歳代の主婦が薦める本の1位は『鏡の法則』（野口嘉則著、総合法令出版、2006年）で、2位は『東京タワー』。ここまでは総合ランキングと同じなのだが、3位に群ようこの『トラちゃん』（集英社文庫、1989年）が入っている。北海道に住む20代のアルバイト男性が薦める本は1位が『コンティニュー 27』（太田出版、2006年）で、2位が『イン・ザ・プール』（奥田英朗著、文藝春秋、2002年）、3位が『空の中』（有川浩著、メディアワークス、2004年）、

4位から6位までは上遠野浩平のライトノベルがずらりと並んでいる。

「じつは僕はまだ『東京タワー』を読んでいないんですよ。でもランキングデータを毎日見ていると、こんなにいろんな人が薦めたいと思っているなら、ぜひ読んでみないといけないな、なんて思い始めています(笑)。たんに売れたというなら、宣伝がうまかったからかもしれない、ほかの要因もあるかもしれない。でも、実際に読んだ人が好きな人に読ませたいと思っている、というのはすごいことだと思います」

実際に始めてみて、あらためて気づいたことがいくつかあると中泉さんは話す。一つは小説や読み物の力。出版界ではとかく「もはや文芸は本の王様でなくなった」「小説は売れない」「文学は終わった」などと言われるが、読ませたい本に選ばれるのは小説や読み物が多い。しかもそれは10代のデータを見ると圧倒的だ。

「大人になると、癒し系・励まし系の実用書が多くなる。人生経験の蓄積が人を文学に向かわせるように思っていたけれども、いまの大人にはそんな余裕がなくて、目先のビジネスに役立つ本、勝ち負けだ、投資だという本が多くなるんですね」

読ませ大賞に対する出版界や読書界の反応にはばらつきがある。予想以上に熱い反応が返ってきたのは中学校・高校からだった。各校1枚ずつポスターを配布したが、「クラスごとで参加したいので、各クラス分のポスターが欲しい」と電話があったり、「生徒ひとりずつハガキを買うのはたいへんなので、ハガキ大の紙に書いてひとクラス分まとめて封筒で送ってもいいか」という問い合わせがあったり。

書店には温度差があって、ポスターも貼ろうとしない書店が多いが、なかには全店で取り組みたいというチェーン店もある。取協を通じて書店に配ったPRキットには、各書店独自の読ませ大賞コーナーを作れるPOPなどもあるというのに、全般的にみて反応は鈍い。本屋大賞があれだけ話題になりながら、参加する書店員がわずか数百人しかいないのと同じく、書店界にはこうしたイベントを利用して自店を盛り上げようという意欲が希薄なのかもしれない。

読ませ大賞の投票はハガキ投票は11月30日で締め切られ、ネットでの投票は大晦日の24時までとなる。賞の歴史と実績は受賞作が作る。第1回の受賞作が何になるかで、読ませ大賞の今後が決まる。考えてみれば、本屋大賞が大成功したのも、第1回の受賞作が『博士が愛した数式』だったからとも言えるだろう。もっとも、本屋大賞と同じく、どんな本が選ばれても、それが日本人の読書の現在の状況である。

［2006年12／1月号］

●附記

結局、読ませ大賞は1回だけで終わった。出版界全体での盛り上がりにいまひとつ欠けたのと、第1位『鏡の法則』が熱心な読者による組織票的なものに支えられたことも大きいと思う。世間一般での評価、書店店頭での感触と、投票の結果に乖離がある。たしかによく売れた本ではあるけれども、「そこまで？」という感じだ。人気投票的手法、ネットによる投票の限界と問題点が露呈した。

読ませ大賞に替わって、というわけでもないが、08年から「大学読書人大賞」が始まった。こちらは同賞実行委員会とＪＰＩＣが主催。大学生に読んで欲しい本を全国の大学の文芸サークル生が選ぶ、という賞である。

おもしろいのは選考方法だ。

対象となる本は過去1年間に出たものだが、いわゆる「文庫落ち」も含まれる。このへんはお金のない大学生らしい（08年春から大学に勤務して驚いたが、いまどきの大学生はほんとうにお金を持っていない。ケータイ料金など必要な費用が増えたので、可処分所得？的なものは、私が学生だった30年前よりも少ないかもしれない。ただ、みんな身なりがこざっぱりしているので、ひどく貧乏そうに見えないだけで）。

選考は「読む」「書く」「ディスカッションする」「投票する」の繰り返し。各サークルで候補作を選ぶのも、まず投票して、上位作品を全員が読んでまた投票（ここは本屋大賞と同じ）。次にサークルごとに本の推薦文を作成して、こんどは優秀な推薦文を選ぶ。最終選考は、上位5点の本の推薦文を作成した各サークルによる公開討論会を行なって投票を行なう。ずいぶんと複雑で手間のかかる方法だ。

私は第1回第2回の公開討論会にオブザーバーとして参加したのだが、予想以上におもしろくて驚いた。公開討論会だし、違う大学の学生同士だから、和気あいあいとしたエールの交換に終始しているのかと思いきや、矛盾点等には容赦なく突っ込むディベートだった。もちろん経験不足ゆえの拙さや幼さはあるものの。

読むこととディスカッションすることに重きを置いた選考方法は、フランスの高校生ゴンクール賞がモデルになっている。高校生ゴンクール賞はフランスでかなり存在感のある賞で、日本でも受賞作がときどき翻訳出版されている。

だが高校生ゴンクール賞の影響よりも、芥川賞・直木賞などの既存の文学賞と、本屋大賞などの人気投票とのいいとこ取り、ハイブリッド版と考えたほうがいいだろう。

業界ズレしてしまうと、つい「芥川・直木なんていうのは」とバカにしてしまいがちだが、やはり経験と見識をもった人がディスカッションして選ぶという方法はいい。ディスカッションの過程で、誤読や見落としに気づくこともあるだろう。もっとも、いまの両賞選考委員全員に、ふさわしい「経験と見識」があるかどうかは疑問だが（少なくとも終身制はやめたほうがいい）。

公正でプロセスが明瞭なのは本屋大賞の良い点だ。書店員なら誰でも参加できる、どの本に何票入ったかが公開される。2次投票参加資格である、ノミネート作を全点読むことというのはあくまで自己申告だが、しかしこれは確かめようがない。特定の作家や作品の応援ではなく、書店員として売りたい本を選ぶ、という趣旨を理解して賛同するなら、ここで嘘をつくことはないだろう、という性善説に立つしかない。

第1回大学読書人大賞はアーサー・C・クラークの『幼年期の終わり』（光文社古典新訳文庫、2007年）が選ばれた。SFの古典であり、しかも『カラマーゾフの兄弟』の大ヒットで話題の文庫から、というのが「大学読書人」にふさわしい気がする。第2回は舞城王太郎の『好き好き大好き超愛してる』（講談社文庫、2008年）だった。

あたりまえのことだが、文学賞に限らず、賞はどんな作品が選ばれるかでその後の性格が決まる。読ませ大賞も、第1回が『鏡の法則』でなければ、その後も続いていたかもしれない。

本屋大賞の第1回が『博士の愛した数式』だったことは幸福だった。

07年、第4回の本屋大賞は佐藤多佳子の『一瞬の風になれ』（講談社、2006年）で、08年、第5回は伊坂幸太郎『ゴールデンスランバー』（新潮社、2007年）が受賞した。伊坂は山本周五郎賞とのダブル受賞となった。これまで直木賞にも何度もノミネートされていながら受賞していなかったので、まさにアンチ直木賞としての本屋大賞にふさわしい作家、作品だったと思う。

伊坂は直木賞ノミネートの打診を断ったといわれる。山本賞と本屋大賞を受けながら、直木賞を断ったのはなぜだったのか。2賞で充分だと思ったのか、直木賞ノミネートで騒がれることを嫌ったのか。芥川賞・直木賞はノミネート段階で全国紙・通信社の予定稿取材が行なわれることが多く（「もし受賞したら」という仮定で行なわれる取材。もちろん作家にはそこまであからさまに言わないが、実際には受賞決定直後に記事化できるよう準備される）、その繰り返しは作家を消耗させるという。09年、第6回は湊かなえ『告白』（双葉社、2008年）で、同書は09年上半期ベストセラーランキングの2位になった。

いろんな選び方によるいろんな文学賞があるのはいいことだ。

12 ベストセラーは誰が読んでいるのか？

私たちは狭い世界で生きている。たとえば3、4人でお茶を飲んでいて、最近読んだ本に話が及ぶと、居合わせたうちの2人が同じ本を読んでいることがある。ときには4人全員が。しかも、けっしてベストセラーというわけでなく、初版部数が数千から多くて1万を超えるかどうかのマイナーな本だ。偶然としてはものすごく小さな確率だが、読書という行為がひどく偏った（あるいは階層化された）ものであることを示しているとも言える。しかも同じ4人は、そのとき話題のベストセラー、ミリオンセラーとなると、誰一人読んでいなかったりする。

「ふだん本を読まない人が読むとベストセラーになる」とよく言われる。本以外にもあてはまるだろう。音楽でも洋服でも、固定ファン以外が買うとヒットとなりブームとなる。たいていの編集者は、「ふだん読まない人にも読んでもらおう」と思って本を作る。ヒットを狙わない編集者はいない。専門書だって、ふだんは買わない専門家にも買ってもらえたら、と思って作るのだ。もちろん、編集者だけでなく、著者も。

だが、ふだん本を読まない人はどこにいるのか。彼らに会うのは難しい。なぜなら、彼らは書店にも図書館にもあまりいないから。いても大きな声を上げない。本当はどこにでもいるはずなのに。

2006年に大きな話題となった2冊のベストセラーについて、誰が読んでいるのかを、担当編集者に聞いた。もちろん担当編集者だって100万人、200万人の読者の全貌を細部まで把握できるわけがない。つかめるのはごく一部だ。だから正確には「誰が読んでいると編集者は思っているか」を聞いた。

●

リリー・フランキーの長編小説、『東京タワー　オカンとボクと、時々、オトン』(以下『東京タワー』)が扶桑社から刊行されたのは2005年の6月だった。07年2月末のデータでは37刷、210万部である。

かつて私は、リリー・フランキーを出版業界のリトマス試験紙と呼んでいた。イラストレーター、エッセイストとしては、以前から一部で人気が高かった。だがそれはあくまで「一部」だった。編集者の間でも評価は二分していた。好悪ではない。「わかる」「面白い」と言う人と、「わからない」「つまらない」と言う人のギャップが激しかった。リリー・フランキーがわからない編集者に未来はない、というのが私の考えだ。彼のエッセイ集を海外文学の棚に入れている某チェーン店もあった。

『東京タワー』は文芸誌『en-Taxi（エンタクシー）』（扶桑社）に創刊号から連載された。

「連載の第1回目、単行本では第1章にあたる原稿をいただいたとき、これは絶対にいい本になると思いました」と担当した田中陽子さんは振り返る。もっとも、当初はこんなに長い作品になると予想せず、編集側は4回程度で完結するものと考えていたそうだ。

「連載が始まってすぐ、読んだ人の反応がすごくよかったんですよ。といっても、雑誌の場合は一般読者がわざわざ手紙を書いてくることはめったにありません。編集者の知り合いや私の友人、知人のなかで、ということになりますが。年齢的には20代後半から40代ぐらいの、ふだんから積極的に本を読む人たちの反応が良かった。映画がこの4月に公開されますが、著者のもとにオファーがあったのは連載2回目のときでした。たしかな手応えがあって、なおかつ読者の幅が広がりそうだ、という印象は連載当初からありました」

初版部数は2万5千部。200万部を超えた今となっては「たった？」と言いたくなる数字だが、作家にとって初の長編小説としては破格だ。現在、文芸作品では、過去に芥川賞など大きな賞を受賞したことがある作家でも、初版は5千部からせいぜい8千部といわれる。少し地味な作品になると、その半分近くにまで絞られるのだから。

「予約してでも確実に買う、という読者は5千人ぐらいでしょう。ただ、本は口コミに強い。特に『東京タワー』は読んだ人が広げてくれるだろうと思っていました」

刊行に先立ち、プルーフ（仮綴じ見本）を有力書店の文芸担当者に読んでもらった。その数は20〜30人。感想文の一部は本の帯にも使われることになったが、このときの反応も非常によかった。

2万5千部でスタートしたのは、扶桑社の販売部が書店の反応を分析してでのことである。

「書店のモニター効果は大きいですね。まず本のことを知ってもらえるし、でき上がった本を前のほうに平積んでもらえるか、愛情を持って置いてもらえるか、ということにも関係してくる。買おうと思ったときに目の前になければ、結局買わないで終わってしまうのが本というものだと思うので。書店さんに応援していただけるというのが、作っている側にはとても重要でした」

7月から9月までは、ほとんどの土日を使って、サイン会行脚をした。北海道から九州まで、10大都市など50ヶ所近くの大型書店を回った。

「昔、リリーさんのサイン会に来るのは、6割以上が男性だったんだそうです。ところが『東京タワー』では6割以上が女性なんですよ。下は中学生ぐらいから、20代、30代が多く、そこにわりと年配の方も混じる感じです。あと30代のご夫婦がお子さんと一緒に並んだり。リリーさんも『おでんくん』のイラストを描いてあげたりしてました」

予想以上に読者層が広いと田中さんが実感し始めたころ、ファンレターが送られてくるようになった。7割が女性で、中心は30代、40代。主婦が多い。

「たんに『よかった』『面白かった』じゃないんです。『じつは私も……』と、自分と親のこと、自分と子供のこと、家族のことをリリーさんに書いているんです」

やがて60代、70代からも手紙が来るようになった。サイン会行脚が終わるころには部数は15万部を超えていた。30万部を突破したのは10月。じつは10月、フジテレビの情報番組『情報プレゼンター　とくダネ!』（通称「とくダネ」）で紹介された。ここで一気に広がった。

「テレビっていうのは、すぐ反響があらわれるんですね。放送されてすぐ電話がかかってきました」

リリー・フランキーは『東京タワー』刊行以前からテレビのバラエティ番組、トーク番組などに出演していたので、顔と名前を知っている人は多かったはずだ。それでも「なんだかよくわからない人」というイメージが強かったのかもしれない。ペンネームもヘンテコだし、イラストレーターなのか、絵本作家なのか、エッセイストなのか、小説家なのか、肩書きもよくわからない。それがテレビで著作が紹介されることで、読者に安心感というか落ち着きのようなものを与えたのだろうか。

2006年頭には100万部を突破。そして次のジャンプのきっかけが第4回本屋大賞だった。

「本ができたとき、賞をもらえるとしたら本屋大賞しかないなと思っていましたから、嬉しかったし、とても光栄ですね。私は直木賞の候補にならないかな、なんていうふうにも思っていたんです。ずるい考え方かもしれないけど、売るためには注目される必要があるし、注目してもらうには話題になる必要がありますから。でも、リリーさんは偉い先生に褒められてもぜんぜん嬉しくない人なんです。書店の現場の人が読んでくれて『いい』と言ってくれたことにはすごく喜んでいますね」

本屋大賞の授賞式で、『本の雑誌』の浜本茂編集長は、「東京タワーの高さと同じ、333万部を目指しましょう」と挨拶した。ミリオンセラーに授賞することへの批判を意識した言葉だった。

『東京タワー』はテレビドラマ化され、前述したように4月には映画も公開される。

「読まれ方は変わってくるでしょうね。リリーさんが書いた『東京タワー』としてじゃなくて、ドラマや映画の原作の『東京タワー』として読む人が増えると思います」

最近の文庫化のサイクルは親本の発売から2年から3年であることを考えると、今年中に文庫化される可能性が高い。さらに読者層は拡大していくだろう。

●

『えんぴつで奥の細道』（2006年）はポプラ社編集部の浅井四葉さんが企画して作った本だ。2007年1月末の部数は25刷95万部。ミリオンセラーまであと一息だ。

もともと浅井さんは文章を書き写すのが好きで、いつかその楽しさを伝える本を作りたいと考えていた。しかし、具体的な形がなかなか思い浮かばない。試行錯誤の末にたどり着いたのが書家が書いた古典の文章をなぞり書きする、というスタイルだった。

「読者層は団塊の世代以上の方、年配の方を想定していました。時間に余裕のある人、もしくはこれから余裕ができるであろう人びとです。この本を思いついたときは、まだ《大人の塗り絵》が出ていなかったんですよ。でも《脳力トレーニング》シリーズが出ていて、書店ではコーナーが作られていました。だからとりあえず川島先生の『脳トレ』シリーズの隣に置いてもらえるといいなと思って判型を考えました。ところがアイデアを温めているうちに今度は《塗り絵》ブームが来ました」と浅井さんは話す。

よく広告代理店がやるような、年齢別人口だの他の熟年向け書籍の販売実績だのといったマーケットリサーチは皆無だった。初版部数は8千部。いまからするとずいぶんと少ない部数だが、他に類似本があるわけでもなく、浅井さん以外の人にとってみれば、海のものとも山のものとも知れない気持ちだっただろう。浅井さんだってこんなメガヒットになるとは思っていなかったのだから。

「8千部はけっして少ない数字ではないと思います。本ができ上がったとき、販売部は面白がってくれました。ページの開き方が変わっていることに驚いたり。『浅井が夢中になって作ってた《なぞる本》って、これだったんだね』なんて。質問もたくさん出ました。『どうやって使うの？』、『なぜ50日なの？』、『どうして「奥の細道」を選んだの？』など、その後、取材で受けることになる質問がこのとき出ました」

社内の反応は良かった。しかし、じつは浅井さんも扶桑社の田中さんと同じく、本ができ上がるまえにサンプルを書店員に見てもらっていたのだが、こちらの反応はそれほど芳しくなかったと言う。

「面白がってはくれるんだけど、怪訝な顔というか、『いいじゃないの！』とまでは言えないムードでしたね」

どう扱っていいのか、書店員たちは戸惑ったようだ。彼らが気にしたのは、どのジャンルに置くか。学習参考書の古典コーナーなのか、ペン習字コーナーなのか、それとも文芸書の詩歌コーナーなのか。浅井さんとしては『脳トレ』の隣がよかったのだが、『えんぴつで奥の細道』発売時にはブームも落ち着いてしまい、大型店の特設コーナーも消え、「塗り絵」本も美術書コーナーに吸収する書店が多かった。

発売は2006年1月。発売から10日で重版が決まった。しかも、初版より多い1万部である。

「新聞広告でポプラ社の全5段のうち半分ぐらいをこの本に割いてもらいました。すると反響がすごくて。サービスセンターに電話が殺到したんです。『これって何なの?』という問い合わせが多くて。いくつかの書店ではいいところに置いてくださって、動きが良かった。新聞広告と相性の良い本だということになって、地方紙にも広告を出したら、これまた反響が大きくて……」

あっというまにベストセラーになってしまったというのである。

ポプラ社ではすべての書籍に愛読者カードを入れている。ただし郵便代は読者負担なので、送ってくるのはそれだけ「思い」が強い読者ということになる。浅井さんによると、『えんぴつで』シリーズでは、きれいな記念切手を貼ってくれる読者が多いそうだ。

「読者の中心層は、やはり予想通り年配の方ですね。メインは50代以上。上は80代まで。女性が7割で、これはちょっと意外でした。それと、感想だけでなく、この本が読者の方の生活にどう関係しているかが綴られているんです。他の本ではめったにないことですね。そして、その後にご意見やリクエストがあるんです。字が小さくて読みにくいとか、次はこんな本を取り上げて欲しいとか」

たとえば、「妻に、『あなた、これで惚けなくてすむわよ』と与えられ、毎日やっています。哀れな亭主より」というような男性からのハガキがあるかと思えば、「夫が芭蕉のファンで、以前、一緒に東北を旅して回りました。その夫も亡くなって数年。夫のことやあの旅を思い出しながら、毎日なぞっています」といった、思わずしんみりしてしまうような女性からのハガキ、あるいは障害のリハビリのためになぞっているという読者などさまざまだ。

「こんなふうに使っていただけるなんて、編集しているときは想像もしていませんでした。ハガキをいただいたときは感動のあまり泣きそうになったくらい。会社の机の前に置いて、つらいときも『この人がなぞってくれているんだ』と思っています」と浅井さんは笑う。

多い日は読者カードが50通から60通きたこともあった。自作の俳句を書いてくる読者もいれば、「孫が贈ってくれました。一緒になぞっています」と孫自慢の読者もいる。

『えんぴつで奥の細道』の場合も、テレビ『とくダネ！』の効果が大きかったという。5月に紹介されて売れ行きは一気に加速した。

まだこの本がブームになる前に買った読者と、ベストセラーになり、テレビや新聞、雑誌で紹介されてから買った読者とでは、何か違いがあるだろうか。

「年齢が広がったということはあります。10歳のお子さんからもハガキが来ますから。でも、この本で静かな時間を味わいたい、古典に触れたい、そして、脳トレの一種、字がきれいになれば、という4つの購入目的のどれかにあてはまる人、というのはほとんど変わりませんね。テレビで紹介されてからは若い女性も増えました。育児の合間になぞってストレス発散するのだとか」

ただひとつ浅井さんが意外に思ったのは、「失われつつある日本人らしさを思い返しました」、

「自分が日本人であることを深く感じました」といった感想が、30代ぐらいの比較的若い読者から返ってくることだという。日本人や日本文化と結びつけた感想は、年配の読者からはあまりない。ナショナリズムに反応するのが30代男なのか。

『えんぴつで奥の細道』には類似本がたくさんあらわれた。このあと浅井さんは『えんぴつで徒然草』と『えんぴつで漢詩』を作ったが、書店に行くと数十タイトルの「なぞり」本が並んで大きなコーナーを作っている。出版界では柳の下にドジョウが数匹というけれども、『えんぴつで』シリーズのドジョウは数十匹いるらしい。

「『徒然草』はこちらが出す直前に他社からも出て、ちょっとショックでした。私がもたもたしているからだ、まずいなあ、と思っていました」と浅井さんは言うが、類似本を出す出版社や編集者の批判はしない。もともと大らかな人なのだ。なにしろ気に入った文章を書き写すのが好き、という人なのだから。

●

2冊のメガヒット本について、「誰が読んでいるのか」を担当編集者に聞いたが、結局のところ、メガヒットだから特殊な人が読むということでもないようだ。1万部の本も100万部の本も、読者の読み方は同じだ。考えてみればあたりまえのこと。1万部であろうと100万部であろうと、読者にとっては1冊の本なのだから。ただ、『東京タワー』も『えんぴつで奥の細道』も、愛読者ハガキに感想だけでなく自分の経験や生活を書いてくる人が多い、というのは興味深い。「面白い」「良かった」だけでなく、何か自分のことも伝えたいと思わせるような本がヒットするということなのだろうか。

［2007年2／3月号］

●附記

いつの時代もメガヒットする本はあまり変わらない。戦後のベストセラー史をちょっと振り返ってみる。敗戦間もなく発売された『日米会話手帳』（発売日はなんと1945年9月15日。つまり「玉音放送」の1ヶ月後。誠文堂新光社）に始まり、謝国権『性生活の知恵』（池田書店、1960年）、塩月弥栄子『冠婚葬祭入門』（光文社、1970年）、和泉宗章『天中殺入門』（青春出版社、1979年）、二谷友里恵『愛される理由』（朝日新聞社、1990年）……。英会話の入門書だったりセックス本だったり、実用書だったり、占いだったり、タレント本だったり。「くだらない本ばかりが売れるようになった」などという声をよく聞くけれども、ベストセラーの「質」は今も昔も大差ない。『天中殺入門』で大占いブームを巻き起こした和泉宗章は、のちに自分の占い理論を全否定して、占い批判派になっていく。しかし、それでも占い本は手を変え品を変えて刊行され続ける。細木数子の本もそうだし、2008年に大ベストセラーとなった血液型本（『B型 自分の説明書』文芸社、など）もそのバリエーションといっていいだろう。『愛されもない。

る理由』の郷ひろみ・二谷友里恵夫妻が、その後、どのような関係になったのかは述べるまでもない。

ベストセラーをどう考えるか。二つの極端な立場がある。一つは、「たくさんの人が買ったのだから、いいものに違いない」という考えかた。もう一つは、「本当にいいものが、たくさんの人にわかるわけがない」という考えかた。たぶんどちらも少しずつ正しくて、少しずつ間違っているのだろう。60年分のベストセラー・リストを眺めると、文庫などに形を変えて、いまも書店の棚に残っている本と、まったく忘れ去られた本があるのに気づく。後者のほうが多い。

ただ、ベテランの書店員や編集者に聞くと、ベストセラーの「つくられかた」には変化があるようだ。誰もが指摘するのが「一極集中」である。売れるものはすごく売れるが、売れないものはぜんぜん売れない。だが、売れるものと売れないものの質的な差はそれほどでもない。こんな比較はナンセンスだけど、たとえば養老孟司の『バカの壁』は、たしかに養老のそれまでの本に比べるとわかりやすいが、だからといって、それまでの本の100倍もいいかというと、そんなことはない。消費者は売れているものに飛びつく(この、「飛びつく」という言い方に、すでに見くだしたニュアンスがあるのだけれども)。「売れている」という事実によって、さらに売れる、加速する。また、『東京タワー』や『えんぴつで奥の細道』がそうだったように、テレビで取り上げられる、ニュースになる、話題になる、ということがベストセラーに結びつく。

売れるから売れる。書店の現場もその影響を受ける。というか、小売業なのだから、消費者の要求に応え、売れるものを取りそろえるのはあたりまえのことなのだけど、しかしその傾向が激しくなっている。「ランキング依存」などとも言われる。テレビの報道番組が使って広まった言葉だ。

私が書店員をしていた1980年代も、「売れスジを絶やさず、死にスジを切るように」などと言われていた。「売れスジ／死にスジ」という身も蓋もない言い方に、内心、反発を覚えたが（「言葉をパッケージした商品を売って食べているんだから、もう少し、言葉を大事にしてくれよ」と思った）、困難な状況のなかで書店を経営していくには、そうした冷徹さが必要だ。だが最近は、「ランキングのトップ40は欠かさないように」というふうに、方法がデジタル化している。デジタル化というのはたんに比喩ではなく、POSレジの普及等によって本の売れ行き動向がリアルタイムで把握できるようになったのだ。

かつて書店員が、スリップ（＝書店の本に挟まっている紙片。販売時、レジで抜かれる。売上カードともいう）を数えたり、平積みの減り具合や棚の乱れかた（客が触った形跡）を観察して「売れスジ／死にスジ」を判断していたのとは少し違う。かつての判断には、その本に対する書店員の主観的な評価も否応なしに含まれていたはずだ。

もちろん今でも、「データは売れた結果でしかなく、その意味では常に過去のものである。これから何が売れるか、読者が何を求めているかは、書店員が探っていくしかない」と考える書店員もいる。しかし、大型店やチェーン店が合理化を進め、書店現場に経験の蓄積がなくなってしまったいま、「過去のもの」でしかないPOSデータが書店の棚をつくり、ベストセラーをつくっている。

この30年あまりで新刊発行点数は4倍に増えた。しかし私には、本の多様性も4倍になったという実感がない。それはファストフード店やファミリーレストランが増えても、食べ物の選択可能性が格段に広がったと感じられないのと似ているかもしれない。

と、書いてきて、どうして私はベストセラーに対して冷淡になってしまうのだろう、と自分でも不思議に思う。「大衆にいいものがわかるわけがない」という大衆蔑視か、それとも売れる本を書いたことがない者のひがみか。もともと私はメジャー嫌いだしなあ。巨人が嫌い、トヨタが嫌い、サザンオールスターズが嫌いだもの。この癖をなくしたら、私の本も少しは売れるようになるのか。

01〜12（附記除く）初出●
『図書館の学校』（NPO図書館の学校）
067号（2005年4／5月号）〜075号（2007年2／3月号）
※取材させていただいた方の肩書きは当時のままとしました

付録

インタビュー

インタビュー●幅允孝

本棚が町へ出て行く

聞き手●永江朗

本を選んでいくら、という商売

永江　他の項では初出の記事に補足した文章をつけたのですが、今回、幅さんから補足するならインタビューをとの申し出をいただきました。ありがとうございます。この3年で幅さんの環境は激変しましたね。ディレクションする店も増えたし、雑誌の連載やラジオの仕事も増えた。テレビ『情熱大陸』にも出演しました。幅さんの会社、バッハのオフィスも、以前は中目黒のユトレヒトとシェアしていたのが、千駄ケ谷に移ってスタッフも増えました。

幅さんの仕事は本に関わる人が憧れるかたちのひとつだと思います。本を選んだり並べたりすることが好きな人はたくさんいる。しかし本屋をやりたくても開業に踏み出せないのは、店舗を持つことのリスクが大きいから。なにしろ年間1000店も転廃業している。店舗を持たずに本に触れたいと思っていた人は多いけれども、今までは選んで並べるだけではお金にならなかった。幅さんの仕事の収益構造はどうなっているんですか？

幅　本を選ぶアイデア料みたいなところでお金をいただいています。本を1冊選ぶといくら＋企画料、という感じですね。本を選んで、いろんなところから集めて、棚に並べる。棚に並べたあとのメンテナンスもする。〝本を選ぶ〟にまつわる一連の行為としてお金をいただいているわけです。

永江　取次からバッハが仕入れ、マージンを上乗せして書店に卸すんですか。

幅　いいえ。取次とはそれぞれのお店が直接取引しています。いただくお金も、取引金額に対するパーセンテージではありません。総額は同じでも、1000冊集めるのと2000冊集めるのとでは、仕事の量がぜんぜん違いますから。

永江　どんなふうに選ぶんですか。

幅　スタート時のインタビューから始まります。先方にインタビューを重ねていって、こういう方向性だと骨子がわかると、最初に僕がリストを作るんですよ。それを僕がバッハの社内にプレゼンします。この方向でいいと思う本を集めよう、ってスタッフみんなで集めて、「これは知らんなあ」とか「これは読んでないから買って読もう」とかって集めていって、パッケージにして納品する。最初はほとんどお金にならなかったんですよ。

永江　最初に手がけたのはTSUTAYA TOKYO ROPPONGIでしたね。まだ石川次郎さんの株式会社ＪＩに所属しているときだった。

幅　あそこは5年間やらせてもらいました。当初はＪＩから給料を貰っていました。TSUTAYAでの仕事は、品ぞろえや陳列だけでなく、人をどう育てるかも大きなミッションでした。研修みたいな感じでしたね。メンテナンスの時はそれなりに時間をとって、商品の説明をしたり、陳列のしかたを説明したりしていました。最初のころ現場にいた人が、いまはＣＣＣの本部で重要な本の仕事をしていると思います。毎週、定例みたいなことをやりながら、人間１人が生きてく分くらいはもらえたんですよ。それで石川さんが「これで食って、他にも仕事を見つけろ」と、独立させてくれた。JIから僕に業務委託するかたちで。

永江　ブックディレクターというよりも、コンサルタント的な仕事だったわけですね。あるいはコーチ。

幅　コーチっぽかったですね。売場で本をいじりながら「じゃあ、今日は食べ物の棚を直しましょう」なんて言って。「この本は返品します。なぜなら〜」と具体的にやっていったんですよね。現場で教えるだけじゃなくて、たとえば誰かの出版記念パーティーがあれば、TSUTAYAのスタッフを連れて行って出版界の人に紹介する。僕を介さなくても、出版社の人がダイレクトにTSUTAYAのスタッフに連絡できる関係をつくるのが目的でした。

永江　コーチ的な仕事が可能だったのは、TSUTAYAにとって書店業が重要な事業のひとつであって、これまでも馬事公苑店はじめ、いい本屋をつくってきた経験があったからですね。その経験のうえで、六本木ではさらに新しいことをしようという明確な位置づけがあった。

幅　そうですね。彼らは本気でビジネスを考えていました。「幅のコピーはできないけど、ノウハウをどう吸収できるか」みたいなことをすごく真剣に考えていた。洋書を扱ったことのないスタッフばかりだった店が、いまでは日本でいちばん洋雑誌を売るような店になりました。

閉店にいたった理由はなにか？

永江　しかし、幅さんが選書を手がけられたなかで、いくつか閉店したところがありますね。失敗の原因は何だったと分析していますか。

幅　閉店はファインリファイン（finerefine）とクルック・ライブラリー（kurkku library）です。ファインリファインはアパレルのワールドが開いたインテリアの店で、銀座松坂屋店の一部に書籍売場がありました。クルックはミュージシャンの小林武史さんが中心となっていたap bankがコンセプトプロデュースをしていたお店で、カフェやレストラン、雑貨店などが複合していて、2階の奥にクルック・ライブラリーがありました。ファインリファインはワールドと松坂屋の都合により閉店、クルックは飲食だけになりました。クルック・ライブラリーの閉店は、好きな店だったので特に残念です。

永江　クルック・ライブラリーは空間を持てあましているように見えたのですが、どうでしょう。

ちょっと広すぎるんじゃないかと感じました。

幅　規模の問題というよりも、そもそも勢いでトントンと進んでいった話でした。イージー・カム、イージー・ゴーではありませんが、初期衝動で始まったものが、現実を目のあたりにして転換を迫られたわけです。たしかに売上はちょっと厳しかった。奥まったところにある店舗のさらに奥の2階という立地でしたから、ぶらりと立ち寄る店ではなく、わざわざ行くところですよね。2004年に僕らがつくったBOOK246は、10坪の売場にしては、非常にうまくいき、売上もよかった。クルック・ライブラリーはもっと広いし、在庫ももう少し多かったので、BOOK246より高めの売上設定をしたんですね。書店経営を少しでも知っていれば、「ええーっ」という数字です。BOOK246は奇跡的な例外ですから、それを参考にするのは無謀です。それは僕もあらかじめわかっていたんですが、あのときの僕は、なんというか、しゃかりきに本屋さんをつくりたい頃だった。数字の達成はもちろん重要だし、厳しいと思っていても、敢えてトライする意義を感じていた時期でもあって。「えーい、とりあえずつくることに意義がある」みたいな感じでやってみた。やってみたら、やっぱり目標売上を達成するのは難しかった。BOOK246にはわずかに及ばなかったんです。

永江　でも健闘したといえる数字だったんじゃないですか？

幅　ええ。まとめ買いがけっこうありまして。リピーターも多かったし。でも予算との差は大きかった。スタッフも一人つけていましたから、粗利は全部人件費で消えてしまいました。僕にも甘えがあったと思います、オーナーに余裕があるのだからという。

永江　クルックは小林さんたちの非営利組織ap bankの活動の一環なんだと思っていました。非営利なんだから書店も店舗単独での採算を度外視した文化活動なのだろうと私は解釈していたんですが、違ったんですね。

幅　小林さんがクルックをつくったのは、たとえば有機農法で人参をつくっている人にap bankがお金を融資しても、つくった人参を消費する場所がないと有機農法も広がらないから、その場所をつくろうということがまずあった。ライブラリーはそうした意義を伝える場です。店の出来ぐあいには満足してもらったけれども、目標利益は出さなければならない。小林さんたちは今まで本を扱ったことがなく、粗利がいかに少ないかも知らなかった。打ち合わせをしたとき、僕は「とにかく本屋は儲かりませんからね」と再三言ったんですが、そこがなかなか伝わりにくい。彼らはたとえばバンドのツアーでTシャツがどんどん売れていくのを見ているわけです。人が消費する場面はそういうものだという感覚がある。そのへんの意識の差がありましたし、コミュニケーションを深められなかったところが大反省点です。

永江　幅さんが手がけられている他の店でも、いわゆるスポンサーには似たような気分があるんでしょうか。儲かるだろう、儲けたい、と。

幅　百貨店などから声をかけていただいて、スポット的に書店をやったりしているわけですが、いろんな小売の現場に触れれば触れるほど、一筋縄でいかないと痛感します。BOOK246がうまくいったからといって、同じパッケージで他でもできるかというと違う。

永江　クルックのすぐ近くにJ STYLE BOOKSがありますね。オーナーの大久保亮さんは、大手電機メーカーを辞めてあの店を開きました。書店員の経験はゼロですし、出版産業の業界事情にそれほど通じているわけではない。同じころに開業して、クルック・ライブラリーは閉店し、あちらは継続している。立地は似たようなものでしょう。いちばんの違いは、大久保さんはいつも店にいて、お客さんと対話し、お客さんの動きを見ながら、品ぞろえを考えている。ところがクルック・ライブラリーは、オーナーは小林武史さんで、ディレクターは幅さんで、現場は別の人という三重構造になっていることが、なんとなく店の空気に出ていたんじゃないでしょうか。

幅　それは実感しますね。やっぱり現場ですよね。どれだけ現場で本に触れているかということの重要性は、この仕事をするようになってからずっと抱えている悩みです。J STYLEと決定的に違うのは棚への手間のかけかたみたいなところですね。1冊の本に込められた濃厚な思いというか。クルック・ライブラリーでは週に1回、定例メンテナンスをやっていました。1週間の本の売れ行きを見てメンテナンスをするわけです。でもメンテナンスした次の日ぐらいはいいんですが、やっぱりもたないんですよ。発注しても僕は入荷に立ち会わないわけだし。そのへんは悩ましい。ただ自分がやっているスタイル上、ひとつの本屋さんだけにとらわれず、いろんなところを縦横無尽に動きながら本の場所を増やしていきたいとも思っていて。でも自分のコピーロボットを作るわけにもいかないし。そこで働く人へのエデュケーションを、パッケージ化とまではいわないけれども、「こういうときはこうする」みたいなことは考えないといけないのかもしれない。

本屋さんじゃなく、人がいる場所に本が出ていく

永江　有楽町の東急ハンズの書籍売場もディレクションしていますね。幅さんとしての満足度は？

幅　切り口は間違っていないと思います。人をつけていないのにけっこう売れているから、すごいなあと思うんですけど。だからこそハンズ側も続けているんですよね。人件費ゼロで商品だけ置いている。本は返品可能で、しかも僕らが週に1回メンテナンスしている。だから継続できているんですけれども。ただ僕としては、本屋に担当者がいないのはどうなのかと思うんですよ。でも、人件費をかけるとなると、なかなか難しい。人をつけたらどれだけ売上が伸びるか、やってみないとわからない。場所ごとに継続可能な落としどころを探っていくしかないと思っています。

永江　人件費はかからないにしても、家賃は発生していますよね。家賃分は売っていかないとならない。本よりももっと稼げる商品を、という話は出てきませんか。

幅　あの場所は、本屋になる前は催事コーナーで、夏には風鈴や団扇を並べていました。それに比べて、まあ売れている状況です。東急ハンズからは「自分たちハンズが大事にしているものがわかりやすい」と言ってもらっています。他人の家に行って本棚を見たら、その人の意外な一面がわかった、みたいなことです。本棚にはその人の内面が溢れてきてしまう。あそこに本棚があると、東急ハンズが考えていること、大切にしていることが漏れてくる。世間で、本自体は売れ

ないのに、本そのものの存在感に関しては妙にポジティブな世の中だと僕は思っています。これは悪くない。「本が置いてあるということは優雅なことだ」なんて（笑）、そういう気持ちなんでしょうね。

永江　私もイメージとしての本はとても大切にされていると思います。たとえば雑誌『ダ・ヴィンチ』の表紙に登場したいというアイドルがたくさんいる。部数でいうとさほどメジャーな雑誌ではないけれども、イメージづくりには大きい。

幅　本屋さんに人が来てくれないから人がいる場所に本が出ていくしかないと僕は思っていて、本屋さんじゃない場所にどんどん本が出ていく環境をつくりたい。それと、本屋さんに本がありすぎてどれを手に取っていいかわからなくなっているので、わかりやすいアプローチができる場所がつくれるといいな、というところでこの仕事をやっています。「もう1年も本を読んでいません」なんていう人だって東急ハンズのお客様にはいる。そういう人が、あのコーナーができたからといって読書家になるわけでもない。でも「風鈴より本だよね」っていう感じってあるんですよ、不思議なことに。

永江　幅さんがディレクションする書店空間は、どこも在庫量が少ないですよね。在庫が多いほうが読者も喜ぶというのがこれまでの書店界の常識だった。本好きを自覚している人にも、そう考える人が多いと思う。だからこそジュンク堂を典型とするメガストアがこれだけ増えたわけです。しかしいまの幅さんのお話だと、本が多すぎて選べなくなっているから品ぞろえを絞り込むということですか。

幅　ええ。それに、僕自身が何十万冊もの本なんて読めていない。基本的に、自分のフィルターを通したものしかお薦めできないと思っているんですよ。僕より20年長く本の仕事をしているベテランの書店員には読書量で勝負できない。だから僕は、しかるべきタイミングで、しかるべきかたちで本を提案する、というところでやるしかないと思っています。いま本が多すぎてわかんなくなっているでしょう。誰も本の全貌を把握できなくなっている。そのとき、「少なくとも僕はこれがいいと思いましたよ。こういうふうに読むといいんじゃないか」って、主観全開でお薦めするしかないと思う。あるひとりの30代の男性が、こういうふうに読んだら面白かった、という提案です。そのとき、「いっぱいある」ことよりも、「いっぱいない」ということをいかに効果的に相手に伝えていくのかを僕は考えます。

永江　〝ない〟ことの優位性に着目していくわけですね。そこが従来の書店界にはない発想です。

幅　最近なんだか本を手に取ってパラパラめくる機会がいちじるしく減ってきていますよね。昔はコンビニに行くとみんな立ち読みしていたし、昼休みに本屋に行って立ち読みしようかとかってあったじゃないですか。それが減っている。お薦めした本を読んで「面白い」と言ってもらえれば最高ですけど、まずはとにかく手に取ってもらうところから始めたい。ページをめくりたくなる環境というか、そういうアプローチを日々工夫して考えています。

谷川俊太郎の「接吻の時」をリハビリに使う

永江　幅さんは商業施設以外のところでも、本に触れる機会をディレクションしていますね。最近はどんなところを手がけましたか。

幅　大阪、千里のリハビリテーション病院をやらせてもらったのがいい経験でした。脳梗塞の患者さんのための本をという要望だったんですが。患者の方たちもなかなか厳しいんですよ。「こんな本、読まれへんわ」と言われたり。まずインタビューをしたんですよ。スーツケースにいっぱい本を詰めて行って、「こういう本はどうですか」なんて言いながら患者さんたちにインタビューする。頭で想像して持って行った本はぜんぜんだめでしたね。病院には時間があるだろう、『失われた時を求めて』を読むなら病院しかない、なんて考えて持って行くと、「ぜんぜんそんなの読まれへんわ」と言われる。患者さんたちは長い文章を読むのが大変らしいんですね。ひとつの行から次の行に視線を移動するのが大変な人もいる。パラパラ漫画は手を動かすからリハビリにいいかなと思って持って行ったら、これは大受けでした。手が自分の思ったように動いているのが可視化できるというのがいいようです。インタビューするとき横にドクターがいるんですが、「パラパラはOKです」ってうなずいている。そこで古今東西の絵が動くもの写真が動くもの色が動くもの、いろんなパラパラを持って行きました。写真集もよかった。大阪の病院だから1985年の「阪神優勝写真集」がいいかなと思って探して持って行きました。

永江　光景が目に浮かびますね。

幅　最初は海外に思いをはせてもらうのもいいかもと思って、『木村伊兵衛のパリ』なんて持って行くと、誰も木村伊兵衛なんて固有名詞には引っかかってくれない。でも「おお、パリは行ったで。行った行った」なんておばちゃんがいる。これで思い出系はありだなと思って、先ほど言った「阪神優勝写真集」を持って行った。すると、いかに岡田・掛布・バースのクリンナップが素晴らしかったかを熱弁するおじいちゃんとか、ムッシュ吉田の素晴らしさについて力説するおばあちゃんとか、堰を切ったように話してくれました。「大阪万博公式写真集」も、持って行くと大フィーバーですよ。「わあ、並んだわ、松下館！　並んでいたら親戚の子が日射病で倒れて大変だった」なんて、忘れていたことを思い出してくれる。大阪に関係あるビジュアル本はいけるとわかった。そうやって選んでいくと、年齢は30代から80代まで幅があり、趣味も家庭の事情もバラバラだけど、ちゃんと選びさえすれば本が効くということが実感としてありました。この経験は僕にとってよかったと思います。いままで比較的洒落た店ばっかりやって、文脈をわかっている人に「いい本を置いているね」なんてほめられるばかりでしたから。

永江　いいですね。本屋の原点みたいな経験ですね。

幅　その病院でふだんのリハビリに使っているのは小学生の国語ドリルみたいなやつなんですが、いい年してまともにやってられるか、という感じが正直、現場にありました。だけど谷川俊太郎の「接吻の時」っていう詩があって、「今日は『接吻』を書いてみませんか」って持って行ったら、ある書き取りのリハビリ嫌いのおじいちゃんも「接吻のためだったら頑張るかあ」って言って、頑張って書き写すんですよ。病院ってちょっとそちら方面の話題も不足しがちですし。それを部屋に貼ってくれて、すごく嬉しかった。リハビリって、手が動くことが重要なんじゃなくて、動いた手で何をつかむかが重要なんだな、リハビリのためのリハビリになってはいかんのだな、なんてことに気づきました。みなさんとてもシリアスな状況ですから、楽しいなんて言っちゃいけないんですけど、こういうやり取りをしているうちに、ちゃんとやれば本ってまだまだ効果があるなと確信を持つことができた。僕に読める本の限界があるから、説明できる本は限られているんだけれども、知っているなかで説明するだけでもいろいろできる。ただ「この本はいいですよ」と言っているだけではおせっかいな人でしかないんですよね。紹介するのにふさわしい、その場所にもっとも似つかわしい本を、たんに言葉の上だけじゃなくて、ちゃんと置きたい。「読め」っていうんじゃなくて、すごく面白そうな雰囲気をたたえてそこに配置することが大事だと思っています。小売空間では病院のように読者にインタビューはできないわけですが、そういうことをもういちどしっかり考えながらやりたいなというのを思います。

永江　たんに本棚に本を並べるだけじゃだめですか。

幅　たくさんあるなかから選ぶというのは、すでに基礎知識ができている人にはいいんでしょうが、たとえば木村伊兵衛なんて固有名詞を知らない脳梗塞でリハビリ中のおばさまには、丁寧に1冊を示していくのでないと届かないと思っています。

取引先には数字で返すしかない

永江　幅さんの側から一般企業に、「おたくの施設に本を置きませんか」とプレゼンして回ることはあるんですか。

幅　まったくしていませんね。完全に待ち仕事です。バッハには営業がいないし、僕も営業をしたことない。本って、いるかいらないかというと、いらないんですよ。生きていくのに必要最低限のもののリストに入っていない。もちろん僕はあったほうがいいと思うけど、そういうレベルではなくて、たとえば裸で歩くわけにはいかないけれども、本を持たずに歩くことはできるわけで。逆に、そんななかに本を置きたいんですという熱意を伝えていかないと成り立たない。まず、そこに本がほしいと思わせないと回らない。戦略的に本を欲しいという気分にさせようと思っているわけじゃないんですけど、「本があるのは素敵ですよ」ムードは世の中につくりたいと思っています。

永江　オファーはどういうところからが多いんですか。

幅　商業施設もあれば、老人ホームのようなパブリックな場所もあります。思いもよらないいろんなところからお話がありますね。ニューヨークにマンガ喫茶をつくりたいとか。

永江　東急ハンズやラブレス、シボネなどの場合は、販売する商品として置くわけですよね。商品として置く場合、取次は幅さんがやっていることをどのくらい理解しているんですか。経費を考えたら赤字だけど、幅さんがやっていることは本の世界全体に意義があるからやりましょう、とか。

幅　そんなことは1ミリも言ってくれないですよ。やはり数字がすべてですね。そこはものすごくシビアです。取次として採算が合わないところには口座を開いてくれませんし。国立新美術館のミュージアムショップ、スーベニア・フロム・トーキョーは本だけで相当な売上があるので、そういうところには取次も積極的ですが、一方で、数字が悪いところに対しては冷たいですよね。僕も本の世界全体に意義があるとかなんとかということは気にしていなくて、取引先には数字で返すしかないと思っています。

永江　幅さんが手がけるところはパターン配本には乗らないところですね。それって取次は原則としていやがるでしょう？

幅　原則としていつもいやがられています（笑）。

永江　この2年、3年の活動で、幅さんの知名度が上ったことでやりやすくなったと感じることはありますか？

幅　わかんないですね。でもパターン配本はやらないということは認知していただいたと思います。日販のPR誌でバッハの仕事を特集してもらったことがあって、あれは奇跡だと思いましたね。嬉しかった。特集してくれたからといって、取引条件が優しくなったとかいうことはないんですが（笑）。

永江　クライアントからの依頼は増えているでしょう？

幅　仕事の依頼はくるんですが、金額とか、インタビューを含めた進め方を言うと、「え？」みたいな感じ。去年、テレビの『情熱大陸』に出たら、テレビって怖いですね、めちゃめちゃ電話がかかってくるわ、メールが来るわ、すごかったんですけど、進めていくと「そんなに金や手間や時間がかかるんだったら、やめますわ」みたいなことがたくさんあった。いまバッハはスタッフが5人いるんですけど、なかなか大変です。

永江　景気の影響はありますか？

幅　そうですね。今までの路線で、本がありそうなところからのオーダーは減っているんですけど、想像を超えるような異業種からは話がくるんです。予備校だったり、模型屋さんだったり。全体としてはそんなに変わっていないのは、ありがたいというか、本はいいなと思いますね。

永江　やっぱり本は不況に強いんですよ。

(2009年2月24日)

インタビュー●永江朗

再販制度はもういらない

聞き手●ポット出版　沢辺均

「委託再販制」しばりすぎ、しばられすぎ

沢辺　永江さんがこの本で書かれていることに僕は大筋では異論がないな、というのが正直な感想でしたね。細かいところではいくつか異論はありましたが。

永江　例えば？

沢辺　01新刊洪水の項で「返品を上回る納品を作らなければならない。これが新刊点数増大のメ

カニズムだ」だと書かれてましたが、「いや、これがあてはまるのは取次に新刊を納品すればお金が入る、条件払いの場合のみでしょう」とか。

永江　ええ。

沢辺　02本を出したいの項では、自費出版ビジネスの様々な問題点を挙げられてましたが、学術出版には自費出版のような形態も多いし、印税を払わないことを基本にした出版社だってありますよ。「いったいどこからが自費出版なの？」と僕はかねがね思ってる。で、もっと言うならば、人間は経済的安定が実現されると、生きるため、働くための活動から文化的な活動に重心を移していくと思う。誰もが歌い手、書き手、みたいになるんじゃないか、と。こうしたことから「自費出版」は増えていくと思うんです。

あと、「委託制と再販制度に手をつけない改善策は実効性がないのではないか」とありましたが、僕も一時ポット出版の本を買切制にできないかと考えたことがあったんです。もちろん正味は下げる。でもね、例えばポット出版で出した本を小さな書店に並べてもらったとしても、売れるのはせいぜい1冊ですよ。定価が2千円で、書店のマージンが仮に20パーセントだとすると、書店は400円の儲けです。じゃあそれを買切りにして条件を10パーセント良くしたとしても、儲けは600円。200円しか違わないわけです。そんな程度では、書店は買切りのリスクは背負えないな、と思うんです。千円2千円の商品で、なおかつ嗜好性のものすごく強いものを扱う以上、返品制は必要なんじゃないかっていうのが最近の気持ちです。

コンピュータ販売なら、単価が高いから、様々な条件で営業ができると思うんです。例えば売れ残ってしまったものをいくらで引き取るから、その代わり新品を10個注文してくれ、という条件にするとか。でも、本は千円2千円の商品。そのために営業で書店を10軒回ったとしても、全然割に合わない。だったらある程度基本ルールを作って、自動的にやりますよ、ということは必要だと思うんです。再販制はなくなってもいいけど、委託、返品という制度は必要だなと思うんです。

永江　昨年から大学で教えてるんですけど、この夏、講義のために本の歴史を調べていたんですね。本の歴史って、文字の発明から遡ると5千年から6千年くらいなんですよ。この本で問題にしていることってたかだかこの30年から50年くらいの話でしょ。なんだか現状の細かいことをあれこれ言っても意味ないなあという気もして（笑）。傲慢な言い方をすると、町の小さい本屋がつぶれていくとか、出版社の倒産、例えば草思社の倒産もまあしょうがないよね、と思えてくる。最近、この出版業界にはそういった「しょうがないじゃん」というゆるさがないなーという気がしている。

沢辺　そのゆるさって、いまの社会全体にないんじゃないですか？

永江　先ほど沢辺さんがおっしゃった委託制、再販制度の議論にしても、この制度はたかだか50年しか歴史がないわけです。しかもその歴史を振り返ると、独禁法の例外規制として決まった時点では、みんなが賛成していたわけじゃない。

沢辺　むしろ反対論が多かったんじゃない？

永江　そうそう。でも、そんな過去の経緯はすっかりなかったことにして、逆にどんどん硬直化している印象を受けます。「1パーセントのポイント制も許さん」とか、「許したらそこから堤防が決壊し、とんでもないことになるぞ」みたいな。

例えば読書の推進運動でも、「大学生協をそこに入れるのか」という論議が出てくる。「学生のときの読書がいかに重要か」とふだんは言ってるのに、いざとなると、日書連は「大学生協は1割引にして俺たちの商売の邪魔をしている」という話になってしまう。そういう息苦しさがありますね。

委託制と買切制というのも、私は商取引というものは個々がそれぞれ交渉して決めればいいわけで、なにも皆で徒党を組んで横並びでがっちり決めなくたっていいじゃん、と思っているんですね。「抜け駆けは止めさせましょう」みたいな空気が強すぎますよね。

沢辺 本当だね。再販制に反対していた人は昔いっぱいいたと想像しているけど、ひとたびそれが決まってしまうと今度はその制度に縛られてしまう。多分それは人間に根ざした「安定して生きたい」という保守性からきているんだろうけど、それにしてもその弊害が目立ってきているね。

永江 でも現実的には取次を通さないで、直に出版社と取引してる書店っていっぱいあるし、それでマージンを30パーセント以上得ているところも多いですよ。アウトレットの本を扱うところもどんどん増えている。ただ、それが出版界の中のメジャーな声としては表に出にくいんです。

問題は、在庫が偏在しているということ

永江 委託再販制は書店にとってすごく楽できるシステムなんです。取次のパターン配本に任せ

ておけば、平均的な品揃えができてそれなりに回っていく。主体性を放棄した生き方をするにはいいんじゃないですかね。主体性をなくした生き方をすることを――。

沢辺　いけないとは言ってない。

永江　ええ。ただ、私はそんな本屋はつまらないし、客としては行きたくないよと言ってるだけで、そういう生き方を否定はしませんよ。

沢辺　ただし、それを守るための特別な社会的なフォローまではしてほしくないよね。

永江　そうですね。だから抜け駆けする人の足を引っ張らないで、とは言いたい。

沢辺　でも僕は、例えば田舎の、町に一軒しかないような書店は平均的な品揃え、いわゆる「金太郎飴書店」になるのは悪いことではないと思うんだけど。

永江　ただ、それを本屋の主体性という観点から見ると、その書店が「うちの町の人にはこの本が必要だから」と選んで並べているわけじゃなくて、取次がパターン配本で送ってくるからそうなっているだけかもしれない。

いまパターン配本を受けている書店が困っているのは、要りもしないし売れもしない本が取次の都合で勝手に送られてくる、ということなんですよ。大型書店がこの本はいらないと言っている本を、取次は単なる送品の数字稼ぎのために（小さな?）書店に送っているという現実がある。全国書店新聞のサイトでも「なんで必要な本は送ってこないのに要らない本ばっかり送ってくるんだ」という話が愚痴としてよく載っていますよ。それは明らかに委託再販制の弊害です。

沢辺　書店は「数字稼ぎのための送品は要らない」と拒否はすることは本当にできないんです

か？

永江　できますよ。でもそうすると、必要な本もこなくなる。

沢辺　直接出版社に注文すればいいじゃないですか。

永江　それが大変なんです。ポット出版の本は注文すればくるかもしれない。でも、講談社、集英社、新潮社などのメジャーな出版社は個別注文への対応はすごく悪いんです。つまり品揃えの偏った書店になってしまうんですよ、全部自分で注文すると。

沢辺　もうずいぶん昔の話だけど、例えば取次の大阪屋のサイトを見れば、新刊の発売案内の一覧が載ってるわけですよ。それを見て注文すればいいんじゃないですか？

永江　注文して、くればいいですよね。

沢辺　それですら、こない？

永江　そう、こないんです。いま東野圭吾の本を文春に発注しても、パターン配本を受けていないところには、多分こないですよ。

この夏に（2008年）、大学生協の書籍売り場が主催している研修会の文芸の分会に呼ばれて、「最近、文芸書はどうですか？」と聞いたら、「ライトノベルが学生に圧倒的人気なんだけど、注文しても全然こない」とこぼしていました。しつこく注文しても、やっと何パーセントかが配本されるだけ。

出版社の側にしてみると、大学生協は4月から7月の頭までと、10月から12月の下旬までしか営業していないわけで、お祭りの夜店みたいなものですよね。そういうところにその期間だけ新刊を送品するプログラムを組むのは難しいし、送ったとしても今度はその分、他の書店の分を削らなくてはならなくなる。そうなると学生は絶対読みたがっているという事実があるにも関わらず、商品がいかないんです。

沢辺　でも、小学館がs-book.netを作りましたよね。在庫があれば必ず送品します、という書店の個別注文に対応するシステム。おそらく相当な金額を投入して作られたと思うんですけど、それを考えると、大手出版社は小さな書店への対応をしたくないわけではなく、やってはいるがまだまだ至らない、ということに過ぎないいんじゃないですか？

永江　そうでしょうね。もちろん出版社側も効率よく1冊でも多く売りたいんです。例えば角川の注文システムでは、書店から受注センターに注文がいくとインカムを付けたお姉さんが、書店名と取次コード、過去の発注履歴と返品履歴がすぐに表示されるモニターを見ながら注文に応じるんだけど、それでも双方が満足するレベルには達していないようです。

結局書店側の不満は、出版社に注文しても品切れ重版未定や返品待ちがすごく多い、すぐに本が回ってこない、ということなんです。でも返品率はいま金額平均で40パーセントで高止まりしてますから、出版社とすれば注文があったからといって重版して送って結局返品が戻ってくるよりも、重版せずに他の書店から返品されるのを待って、それを再出庫する、という方法を選びますよね。

沢辺　でも、以前と比べると、それはかなり改善されてないですか？

永江　私はむしろひどくなっていると思います。

沢辺　ＰＯＳシステムがあってもですか？　ＰＯＳのおかげで書店での販売情報はリアルタイムで把握できるし、在庫管理の正確さは急激に飛躍しましたよね。

永江　ええ。というのは、出版社が初刷りを相当絞り込むようになり、ドンブリで重版しなくなりましたよね。そうすると書店はやっぱり在庫を抱えたがる。つまり問題は、在庫が偏在しているということなんです。

沢辺　じゃあ、「この売れ行きでは明らかに増刷はできない」というジャッジは適正になされているんですね。にも関わらず書店に本がいかないのは、一つは在庫の偏在の問題にある、と。例えばＰＯＳデータを見ると、紀伊國屋書店にはまだ１００冊あるんだけど、50冊以上は返品になるかもしれない。そのときに他の書店から1冊2冊の注文がきても、すぐには対応できないということですよね。それからもう一つ、出版社側に「書店は信用できない」という気持ちもあるんじゃないですか？

永江　そうでしょうね。筑摩書房元営業部長の田中達治さん（故人）に「お前は書店の主体性とすぐ言いたがるけど、書店の主体性を信じて任せてたら、あっという間に破綻するぞ」とよく言われました。「主体的に仕入れのできる書店や書店員なんて、全国を見てもわずかだ。それ以外の書店員は仕入れなんてできない。版元の方でコントロールしないと無茶苦茶なことになる」と。それはまあ半ば当たってると思います。例えばコミックと雑誌しか扱わないような、明らかにやる気のない書店でもそれで成り立っているじゃないですか。

沢辺　そういうレベルの書店が注文して本が入らないのは、ある種しょうがない、と？

永江　そうですね。

沢辺　であれば、個別注文の際に「これは真面目な注文です」ということを書店はアピールしないといけないですよね。

永江　だからそれが責任販売制ですよ。返品はしません、買切りで取ります、という意思表示。異業種から書店業に参入した経営者は「ウチは買切りで十分なんだ」ってよく言いますよ。でも、「仕入れれば確実に売れるのに、金を出してでも欲しい商品を回してくれないのがこの業界なんですよ」って。それは商売ということで考えるとおかしくないですか？

沢辺　でも、それはどの業界にも当てはまるんじゃない？　例えば2000年くらいにマッキントッシュの新機種が発売されたとき、どこに行っても商品がなかった。そういうときに、たとえ現金を持ってきたからといって、メーカーがいちいち対応する必要はないでしょう。

永江　じゃあ、書店は仕入れられなくてもいい？

沢辺　しょうがない、と思いますよ。つまりそういうのは、ごく一部の人気商品のみだから。

永江　でも、書店が買切りでも欲しいと言うのであれば、買切りでそれを卸せばいいと思うんです。出版社が書店に卸さないのは、返品のリスクがあるからじゃないですか。返品リスクを書店が抱えるのであれば、それは書店が言う条件で卸せばいい。

沢辺　ただそのシステムはまだできてないですよね。

永江　うん。でも本来、出版社と書店のやりとりというのは注文買切制がメインだったんです。委託制というのは、見本として一回お配りします、というシステムなんですよ。それがいつの間にか逆転して委託制がメインになってしまいましたよね。そこはもう一度ちゃんと考える必要があると思います。

かばんの中身を見せろと言われたらムッとする

沢辺　僕がいま言った「まだシステムができてない」というのは、その本が委託で送られてきた本なのか、注文でとった本なのかを明確に区別するシステムがない、ということです。ポット出版の本は返品条件付き注文ですよ。

永江　今回、小学館が『ホームメディカ　新版・家庭医学大事典』という本に、委託制か買切制かを識別するICチップを付けて、書店側に取引条件を選択させて販売する実験を行ないました。この試みがどの程度上手くいくかで、今後変わっていく可能性はあるとは思いますが、ただ、小学館は書店に配慮して『家庭医学大事典』を選んだんだと思うんです。田舎の書店にとっては1冊6千円の本というのはありがたい商品なんですよ。買切制を選択すればマージンが35パーセント。1冊売れれば2100円入るんですね。

しかし実験としてやるのであれば、『家庭医学大事典』ではなくもっとマス商品を使って委託制と責任販売制を種別する実験を重ねないと、このシステムは完成しないだろうなと私は思います。例えばコミックの『NANA』（矢沢あい、集英社コミック）とか。確実にミリオンセラーになるものでやるとデータがいっぱい集まるじゃないですか。『家庭医学大事典』だと「新文化」の報道を見てても、責任販売性で何パーセント仕入れましたとか、それくらいのデータしかあがってこないですから。

ただ本にICチップをつけるとなると、今度は一元管理されることによってディストピア、つまり極端な管理社会になってしまう危険性も生まれてきますよね。

沢辺　それはないんじゃないですか？

永江　いや、ありますよ。それによって、例えば納税者の総背番号制もオーケーか、ということになるじゃないですか。

沢辺　僕はオーケーだと思うけどな、納税者の総背番号制。本へのICチップに関して言えば、もう抵抗勢力なんてないんじゃないの？　「出版流通対策協議会」が唯一反対声明を出しているくらいでしょう。流対協も声明なんか出さなくても「自分たちは入れない」って言えばいいんじゃない。

永江　いや、抵抗勢力の存在よりもICチップに対する危惧懸念をどう払拭していくか、どこまでオープンにできるのかということを考えなければならないでしょう。例えば元厚生事務次官殺傷事件（2008年11月）では、国会図書館で職員録を閲覧して住所を突き止めたということが判明して、国会図書館をはじめ一部の公立図書館が職員録の閲覧を停止してるじゃないですか。でも、どういう法的根拠に基づいて、どういう議論を経て閲覧停止が行なわれたのかの説明が一切ない。

そう考えると、ICチップが使われることにおいても段階を踏んで議論していかないとダメですよ、という歯止めを常にかけていかないと、何かイヤな感じがしませんか？　いまは出版社だけで議論がなされている。まず第一に、流通効率のためだけに本にICチップを埋め込むということが許されるのだろうか、ということが議論されていないじゃないですか。その上でコスト負担、あるいは危険性の負担を一人一人の読者にどのような正当性をもって強いるのか。

沢辺　その辺、永江さんはけっこう慎重だよね。権力の暴走とか（笑）。

永江　左翼だから（笑）。

沢辺　左翼だよねー。そこが僕にとっては唯一最大の違和感かな。この本に書かれている永江さんの批評にはほとんど共感したんだけど、ちょっとずつずれてる感がぬぐえなかったんだよね。

永江　「そんなにシステムとか信用していいの？」という気分はありますよ。

沢辺　僕は逆に「人間ってそんなに信用できないのかな？」って思うよ。

永江　うーん、信用できないよ、それは（笑）。

沢辺　本にICチップを埋め込むということでどんな弊害が起こるのか、ということを考えましょうよ。例えばICチップの付いたエロ本を鞄の中に入れていたら、それがバレてしまう、みたいな可能性じゃないですか。

永江　そのレベルのことであれば別にいいと思うんです。むしろ逆で、フーコーの言う「ベンサム的パノプティコン」、つまり、見られているという意識によって無意識的に萎縮する可能性の問題のほうが大きいんじゃないだろうか。

沢辺　だけど、それは「見られてもかまわない」と乗り越えていく以外に方法はないと思いますよ。

例えばさっきの元厚生事務次官殺傷事件の名簿公開の話で言うと、名簿は確かに図書館で公開されている。しかし問題が起きたからといって公開性を閉じるのではなくて、公開したうえでそのリスクを皆で引き受けていく。そういう方向でしかこういった問題の解決策はないんじゃないかな。技術的に公開できることを閉じることができるのはむしろ権力だけです。でも、閉じちゃうと、その閉じられた情報にアクセスできるのは権力だけになるよね。ある情報を持っている人たちと持っていない人たちが議論をするという状況が生まれてしまうわけです。それでは民主主義は成立しないと思うんです。僕は権力の存在はやむを得ないと思っているんだけど、権力が何をやっているのか見るためにも情報は公開されていなければならないと思う。

図書館の情報公開とICチップのことで言うと、永江さん、逆なこと言っていませんか？ICチップは弊害があるから導入は慎重にしろ、ということですか？

永江　いいえ。「議論をオープンにしろ」って言いたいんです。ICチップを付けたら効率的でいいですよ、っていう話ばかりで、議論がオープンにされていない。こういうネガティブな可能性もあるけど、こういう利便性があるからやっていきましょうよ、という話になんでしていかないの？って。

沢辺　いや、JPO（日本出版インフラセンター）は説明会もやっているし、ネット上でも多くの情報が公開されていますよ。こういうフォーマットでやりますとか、こういう実験やりましたとか。むしろごくわずかな人が一生懸命やっているんだけれども、それがきちんとした議論になっていないという感がある。反対派は、「反対、反対」というだけで。永江さんのように、ちゃんと議論をしたうえでその過程をオープンにして決めていきましょう、という意見はないですね。

永江　情報が公開されるということと、それに議論があるということは全然別の問題だと思うんです。単純に情報を公開すればそれでみんなの同意を取り付けた、という話にはならない。例えば高齢者の保険の問題、社会保障制度の問題や年金制度の問題だって、あの改変が行なわれたのははるか前なのに、日本中が大騒ぎになったのはごく最近のことじゃないですか。

　また、私がＩＣチップを素直に受け入れられない理由の一つに、警察の職務質問にも似たムッとする感じがつきまとうからなんですよ。「鞄の中開けて見せろ」と言われたら、たとえやましいことなんて一切なくてもムッとするでしょ。

沢辺　とすれば、議論がないからとか情報がオープンにされていないからということが問題なのではなくて、問題はムッとすることじゃないですか？　永江さんがそこにとどまっているのはマズいんじゃないかと思いますよ。

永江　だから、ムッとする人もいればムッとしない人もいるということについての議論はなされているのか、と。

沢辺　じゃあそれは、ムッとする人、つまりＩＣチップに抵抗を感じる人でも許容できるルールを考えましょう、ということですよね。例えば買い主の取捨選択でデータを消去できるようにするとか。それで許容できるんじゃないですか？

永江　そうですね。

沢辺　でも消してしまうとブックオフには売れませんよ、とか。

永江　そういう問題もいろいろ出てくるだろうし、あと、ＩＣチップを付けるためのコストの負担をどうするかですよね。まあ沢辺さんが言ったことも含めて、これからなんじゃないですか。

沢辺　そうなんですけど、ただ、いまの議論の状況を見ているとまともに盛り上がっていないですよね。情報を公開し、今後出てくるだろうさまざまな批判に耐えるためにはどうしたらいいかのシミュレーションを一生懸命考えている推進派の人からしてみると、俺はこれだけやってるのに誰も議論してくれない、と思ってるんじゃないですか。

永江　そうでしょうね。

沢辺　そういう人に、議論を巻き起こせと言っても無力だと思うんですよ。議論そのものを永江さんが言ってくれないと。

永江　傍観者ではないだろう、と。

沢辺　ええ。個人的なメリットはないとは言わないけれど、推進派の活動には業界全体のために行なっている気持ちも大きいと思うんですよ。そういう人がやる気をなくしてしまうのでは、という心配があります。

永江　だから私が思うのはそこなんです。小学館も、もっとインパクトのあるマス商品で実験した方がよかったんじゃないかって。もちろん家庭医学事典では意味がないということではないですよ。実験することには私は大賛成です。

この本、再販をはずしてみましょうか？

沢辺 返品問題の話に戻りますね。結局、僕はどこかで書店を疑っているところがあるんですよ。

永江 ええ。私も信用はしていませんよ。例えば、芥川賞、直木賞の発表時期になると、ノミネート作を全部片っ端から仕入れる大型書店があるんですよ。で、ヤマを張って抱えておいて、発表後、受賞作だけ残してあとはみんな返品してしまう。これはやっぱり委託制の悪用じゃないですか。もちろん書店は、これは当然の権利だから行使するんだよと言いますが。

以前、ヒヨコ舎のスタッフが、ボロボロにされていかにも大事に扱われていない返品が大量に来たときすごく悲しい、という話をしていたんです。まあウェットに1冊1冊大事にしてね、と言ってもしょうがないんですけど、ちょっと再販制度に悪のりしている書店が多すぎやしないかという感じはします。商品が食品であれば、ダメになったものはその小売店の責任で何とかするわけだから。

沢辺 そう思うと、僕もやっぱり再販制度はもうやめたほうがいいのかなとは思ってるんですよ。

永江 いや、両方あればいいんですよ。

沢辺 そうですよね。

永江 いま著作権を作者の死後50年間から70年間に延長する、という動きがありますよね。延長推進派の人は欧米先進国はみんなそうしているからと言いますけど、欧米先進国に日本のようなガチガチの再販制度を採用している国なんてないですよね。でも、そこは日本独自の商習慣でいきましょう、と言う。

沢辺　ポット出版が再販を全部はずす、もしくは1年なら1年の時限再販にする、とやってみたら面白いと思いますか？　じつはやってはみたいんですが、結局ICチップの実験で面白いと思うのは『NANA』のようなマス商品なんですよね（笑）。ポットの本でやっても影響力はほとんどない（笑）。

永江　私がアルメディアで出した『菊地君の本屋　ヴィレッジヴァンガード物語』は再販じゃないんですよ。定価がないんです。だから高く売っても安く売ってもいいんですけど、どこもそうしなかった。気がつかなかったでしょ？

沢辺　気づかなかった。ポット出版でやっても同じように誰も気づかないし、何の影響力もないよね。それが悲しい（笑）。

永江　ただ、この『菊地君』のときは書店を巻き込んでないからね。「いくらで売ってもいいんですよ」ってもっとアピールすれば変わったかもしれない。パソコンのアプリケーションの解説書なんて時限再販でいいわけじゃないですか。『会社四季報』なんかも。もっと時限再販をフルに活用すればいいのになと思いますけど。

本来、商品の値段は小売店が決めるものだから、定価はなくていいんじゃないのというだけの単純なことですよ。

沢辺　じゃあ、この本は再販からはずしましょうか。

永江　いいですよ。「これは定価ではありません」ってわざわざ書いておくとか（笑）。書店を巻き込んでそれをもっとアピールすれば変わるかもしれない。

沢辺 それぐらいやって注意を喚起しないとね。

永江 そうですよね。でもいまＤＶＤなどが付録で付いてる雑誌は定価表示してはいけないと公正取引委員会に言われて、はずしているじゃないですか。デアゴスティーニが出している週刊シリーズは売価表示でしょ。だから書店の店頭では定価商品と非再販の商品はすでに混在しているんだけど、誰も何にも言わないから気づかないんですね。

沢辺 あと委託販売なしで、注文販売のみにするというのはどうですか？

永江 委託なんかしなくていいんです。マス商品は委託する意味があるけど、少部数の本は委託しても何の意味もないですよね。でも委託配本をしないとなると、営業力の差は出ますね。

沢辺 書店に対する出版社の営業ができることって二つしかないと思う。簡単に言うと、ファックスを送るということと、直接行くということ。ポット出版が現状でやれているのは、全国２千軒の書店へのファックスと、東京圏の大型書店ひと通りに直接行く、ということかな。

永江 版元から送られてくるファックスは、書店員はよく見ませんよ。タイトルと著者名だけ見て「東野圭吾だったら売れるから１００冊注文」という感じでしょう。作家がいままでと全然タイプの違うものを書いたものや、知名度の低い著者の本などの場合は、個々に営業して説明しないと書店はわからないですよ。

書店が出版社の営業に期待することは、「これはどの棚にどういう形で、どういう対象の人に向けて売れば面白いのか」という具体的な提案ですよね。田中達治さんが『ちくま文学の森』のときに上手かったのは、それを書店の人とこつこつ話して「じゃあ俺も一枚乗るわ」と書店を巻き込んだところですよ。それはあのような大きな企画商品だからできたことですけど。

全国1万6千軒の書店全部にそれはできないですけど、書店界にはキーマンがいるんですね。もう閉めてしまったけど、吉祥寺の弘栄堂書店のあの人にプレゼンすれば他の書店にも影響がある、みたいな人。そういうキーマンに対するプレゼン能力があるのが優秀な営業ですよね。ただ行ってチラシ置いて番線印押してくれなんていうのは、営業とは言わない。ただのお知らせですよ。

沢辺　ただこの本は『ちくま文学の森』じゃないからね（笑）。出版業界もので、ターゲットはこの業界を目指している学生と同業者。でも書店にはわかってもらえないのかな……。

永江　じゃあポイントを絞って、例えば東京堂書店ではベストテンに入れたい本なんですとか、そういう具体的な提案をしましょうよ。

沢辺　そうですね。

倒産しないことが出版界を弱くしてきた

沢辺　永江さんは05編プロのいまの項で「出版社は人員を減らしているのに、出版点数は増大する。そのギャップは編集プロダクションや、フリーランスの編集者が埋めてきた」と書いていますが、確かにその面はあると思うんです。でも一番の問題は、そういう編プロやフリーランスは搾取されているという視点よりも、正社員の既得権擁護だと思うんです。

永江　ええ。

沢辺　いま小さな書店、出版社がつぶれていますが、つぶれるっていうことで言うと、『どすこい出版流通』（田中達治著、ポット出版、２００８年）で田中さんが筑摩書房の倒産のことを書いていたんですね。あれを読んで、本当に倒産っていいことなんだなあって改めて思いました。

永江　そうですね。それは逆に言うと、出版社ってつぶれにくいし、つぶれなかったんですよ。で、つぶれるのは本当にレアなケースばかり。それが出版業界を弱くしてしまったというところはありますね。

沢辺　いままではこれだけの給料を払っていたけど、もし利益が下がったら、出版社は出費の50パーセント前後を占める人件費に手をつけない限り、立ちゆかなくなる。だけどそれにはなかなか手をつけられない。だからついつい下請けに仕事を依頼して、予算を抑え、出版点数を増やして、なんとかやりくりしているわけですよね。

でも会社の経営者として考えるならば、明らかに正社員を雇うほうがいいんですよ。同じ人にノウハウを伝えるのであれば、契約社員やフリーのいつ辞めるかわからない状態の人よりも、正社員として継続的にいてもらう人にノウハウを蓄積させたほうが効率的ですから。それをなぜ不安定な状態にしておくのかといったら、正社員の既得権に手を突っ込めないからですよね。

永江　そうですね。

沢辺　だからこそ、筑摩書房は倒産してよかったなと思う。社員である田中さん自身もあまりにひどいと感じていた正社員の既得権が一度チャラになって、社員の給料を下げる、流通ももっとちゃんと考える、倉庫のことも考える、などといった多くの問題点が明らかになった。筑摩書房は倒産という契機を本当に活かしたんじゃないかな、と思えます。そういうチャンスでもなかったら、正社員の既得権に手をつけられません。だから、倒産っていうのはそんなに否定的に思う必要はないんだな、とますます感じました。

このごろネットへの関心が薄れてきた

沢辺　06情報の無料化の項では、本の電子化や情報の0円化についての話があって、ポット出版も取材されてるわけだけど、じつは『ず・ぼん』のバックナンバーの無料公開はいまやめているんですよ。

永江　えっそうなんですか？　なぜ？

沢辺　『ず・ぼん』自体の売り上げが下がってきたということと、ネット公開していることに対して何も反応がない、というのが理由。それと、僕自身のインターネット熱が下がってきたということもあるな。

永江　確かに、私の半径3メートル以内だけの印象かもしれませんが、自分も含めて最近急速にネットに対する関心が薄れてきているんですよ。この前会った雑誌の編集者は、メールはチェックするけど情報の収集にネットを使うのはもうやめた、と言っていました。彼は新聞を丹念に読んで雑誌のコンテンツを考えるそうで、ネタ集めにはネットはほとんど使えないと実感したそうです。僕もよく大学での講義のとき、学生にアンケートを取るんですけど、彼らもネットに関心を持っていないですね。まあ、対象が早稲田の編集者志望の学生ばかり、という特殊性はありますが。

沢辺　やっとインターネットのリテラシーが上手く育ってきた感じがしますね。

永江　加熱し過ぎていた部分が冷めて、普通の便利な道具として見る、ということですね。

沢辺　そう。ワープロみたいな感覚になって、適正に近づいてきてるかなという感じ。以前はそこに露出して、ポット出版はネットにも力を入れているんだぞ、というスタイルを見せようとしたんですよ。でもいまは否定はしないけど、積極的にやる意味はない、ぐらいのレベルですね。

永江　なるほど。まあ、それは賢明な選択かもしれませんね。ネットに飽きちゃった、という雰囲気はあちこちで感じますね。

出版はまだまだ遊びができる

沢辺　僕は出版ってなくならないと思うし、面白い業界だと思うんですけど、最後に永江さんから、いま出版業界に入りたいと思ってる人に、どんなことを言いたいですか？

永江　出版業界は夢のある分野ですよ、と言いたいですね。

沢辺　それは、なぜ？

永江　若い人によく言うんですけど、例えば「こんなオーディオ製品を作りたい」と思っている人がソニーやパナソニックなどの電気機器メーカーに入っても、それを実現できるのは会社員人生の中で一回あるかないかだと思うんですよ。でも出版の世界であれば、たとえ３００人くらいしか読者はいないだろうなと思っても、その人たちに向けて本は作ることができますよね。３００万人向けの本というのは難しいけれども、３００人から3万人ぐらいのレベルであれば実現可能じゃないですか。

沢辺　1年に10回くらい、つまり10冊くらい発行できちゃう（笑）。

永江　そう。やりたいことを物理的な自分の形にできる、そういうチャンスがしょっちゅう与えられる産業は滅多にないですよ。だから、やりたいことのある人にとっては夢のある世界ですよね。

沢辺　問題はあるけれど。

永江　問題がないよりあるところのほうが面白いじゃないですか。こういうことも変えられる、ああいうことも変えられるというのは楽しいことだと思いますよ。

沢辺　話が戻ってしまうけど、それほど問題は山積していますか？

永江　それも見方次第ですよね。ただ、石塚昭生さんと「新文化」の企画で対談したときにも話したのですが、本が好きで書店に入っても、確かに希望がないんです。40歳を過ぎて書店員をずっとやっていられるかというと、それは非常に厳しい。石塚さんもその一人ですけど、本が好きで書店に入った人の多くが、30代半ばで出版業界の中の別の仕事に就きますよね。私もそうです。20代は洋書店にいて、それからフリーライターになったわけですから。出版、ということでは、まだまだいろんな遊びができますよ。

確かに収入は多くはないけれど、そこそこ食えればいいやって思えばいいじゃないですか。この間、「ブックスキューブリック」の大井さんと話したのですが、彼はフィレンツェに結構長く住んでいて、イタリア人の友達に「イタリア景気悪いよね」って聞いたら「ナポレオンが攻めてきて以来、景気が良かったことはないから」って自虐ネタを言うんだって。でもそれは大井さんに言わせると、「イタリア人は、お金がないということと不幸は全然関係ないことだとよく知ってて、楽しく生きることに長けている」と。大井さんはそれを書店という形で表現したいそうです。

沢辺 やりたいことがあるなら、大きな会社などに入るよりよっぽど面白いかもしれないぞ、ということですね。

永江 そうですね。

沢辺 ただ前提として、本が好きとか、読み書きするのが好きであれば、というのはありますよね。

永江 一発本で当ててやれ、という野心家でも楽しいと思いますよ。

沢辺 ああ、好きじゃなくてもそういう世界でもある、と（笑）。なるほどね。

（2008年12月4日）

あとがき

本書は雑誌『図書館の学校』の2005年4/5月号から2007年2/3月号まで連載した「本はどのように生み出されているのか?」「本はどのように読まれているのか?」をまとめたものである。『図書館の学校』(現在は『あうる』に誌名変更)はNPO図書館の学校が編集・発行している雑誌で、おもに公共図書館に置かれている。想定する読者は図書館の職員だけでなく、一般の利用者も含まれる。本書のもとになった連載も、どちらかというと一般の図書館利用者――本が好きで、本が置かれている状況に関心がある人びと――を想定した。

連載をはじめた動機はとても単純だ。日本の書籍の出版点数は戦後一貫して増え続けている。連載を思い立った2004年の新刊発行点数は7万4587点で、そこから15年さかのぼった1989年は3万8057点。さらに15年さかのぼった1974年は1万9979点。15年ごとに倍々に増えている。30年でおよそ4倍。よく「最近の書店員は本を知らない。訊くとすぐ検索端末に頼りたがる」などといわれるが、書店員の能力が低下したわけではない。4倍にも増えれば把握できなくてあたりまえだ。あたりまえなのに、戦後ベビーブーマーを中心にした本好きの人びとは、自分が若かった30年前の出版産業の〝常識〟にとらわれて、現状を批判しているのではないか、と思ったのである。だったら「30年で4倍」のからくりを見てみたい。

何が「30年で4倍」を可能にしたのか。この30年で日本の人口が4倍に増えたという話はきかないし、日本人の知的活動が4倍になったとも思えない（4割になった、というのなら信じられるけど）。もうひとつ、点数は4倍になったけど、販売金額（推定）は1974年の4214億3千万円に対して、2004年は9429億4千万円。倍とちょっとだ。つまり1点あたりの販売金額は30年で半分になったということだ。これが「本が売れない」の正体か、と思った。

本の種類が多いことはいいことだ。いいことだけど、「30年で4倍」と「30年で半分」の裏側には、いろんなことが起きている。笑っている人もいるかもしれないが、泣きそうな人だっているだろう。いいことばかりじゃない（もちろん悪いことばかりでもない）。

連載中、ポット出版の沢辺均さんに取材したら「これ、うちで本にしない？」と言っていただいた。ほんとうなら連載終了と同時ぐらいに出るはずだった。それが「そのまんまじゃなくて、補足を入れましょう」と言ってしまったため、ずるずると2年も遅れてしまった。内輪向けの謝罪は省略。忙しい中、取材に応じてくださったみなさんに感謝します。連載時はNPO図書館の学校の山田万知代さんが、単行本化はポット出版の那須ゆかりさんが担当してくださった。なお、本書は再販売価格維持契約を結ばないため、定価ではなく価格という表示をします。

永江朗

永江朗

ながえあきら

フリーライター。1958年、北海道生まれ。

法政大学文学部卒。

1981年〜88年、洋書輸入販売会社・ニューアート西武勤務。

83年ごろからライターの仕事を始める。

88年からフリーランスのライター兼編集者に。

1989年から93年まで「宝島」「別冊宝島」編集部に在籍。

93年からライター専業に。ライフワークは書店ルポ。

現在、『週刊朝日』、『アサヒ芸能』、『週刊エコノミスト』、『週刊SPA!』、

『漫画ナックルズ』、『あうる』、『書店経営』、『商工にっぽん』、『この本読んで!』

などで連載中。

著作一覧

●『聞き上手は一日にしてならず』
新潮文庫／2008.05／¥438
●『哲学個人授業――〈殺し文句〉から入る哲学入門』(共著)
バジリコ／2008.02／¥1,500
●『暮らしの雑記帖――狭くて楽しい家の中』
ポプラ社／2007.10／¥1,500
●『新・批評の事情――不良のための論壇案内』
原書房／2007.06／¥1,500
●『ブックショップはワンダーランド』
六耀社／2006.06／¥1,600
●『本　新しい教科書：2』(監修)
プチグラパブリッシング／2006.03／¥1,500
●『本屋さんの仕事』(共著)
平凡社／2005.11／¥1,500
●『メディア異人列伝』
晶文社／2005.03／¥2,200
●『いまどきの新書――12のキーワードで読む137冊』
原書房／2004.12／¥1,200
●『作家になるには』
なるにはBOOKS／2004.12／¥1,170
●『恥ずかしい読書』
ポプラ社／2004.12／¥1,300
●『批評の事情――不良のための論壇案内 』
ちくま文庫／2004.09／¥820
●『狭くて小さい楽しい家』(共著)
原書房／2004.09／¥1,800
●『〈不良〉のための文章術――書いてお金を稼ぐには』
NHKブックス／2004.06／¥1,160
●『平らな時代――おたくな日本のスーパーフラット』
原書房／2003.10／¥1,900
●『ぢょし(女子)えっち』(共著)
ワイレア出版／2003.07／¥1,300
●『ベストセラーだけが本である』
筑摩書房／2003.03／¥1,600
●『インタビュー術!』
講談社現代新書／2002.10／¥700
●『アダルト系』
ちくま文庫／2001.09／¥740
●『消える本、残る本』
編書房／2001.02／¥1,600
●『出版クラッシュ!?―書店・出版社・取次―崩壊か再生か』(共著)
編書房／2000.08／¥1,500
●『不良のための読書術』
ちくま文庫／2000.05／¥620
●『ブンガクだJ!――不良のための小説案内』
イーハトーヴ／1999.12／¥1,500
●『超激辛爆笑鼎談・「出版」に未来はあるか?』(共著)
編書房／1999.06／¥1,500
●『菊地君の本屋――ヴィレッジヴァンガード物語 』
アルメディア／1994.01／¥2,200

書名────本の現場
副書名────本はどう生まれ、だれに読まれているか
著者────永江 朗
編集────那須ゆかり
デザイン────山田信也
協力────杉山 弘
発行────2009年7月13日［第一版第一刷］
希望小売価格────1,800円+税
発行所────ポット出版
150-0001 東京都渋谷区神宮前2-33-18#303
電話 03-3478-1774 ファックス 03-3402-5558
ウェブサイト http://www.pot.co.jp/
電子メールアドレス books@pot.co.jp
郵便振替口座 00110-7-21168 ポット出版
印刷・製本────シナノ印刷株式会社
ISBN978-4-7808-0129-3 C0000 ©NAGAE Akira

The scene of publishing
by NAGAE Akira
Editor:NASU Yukari
Designer:YAMADA Shinya

First published in
Tokyo Japan, July 13, 2009
by Pot Pub. Co., Ltd

#303 2-33-18 Jingumae Shibuya-ku
Tokyo, 150-0001 JAPAN
E-Mail: books@pot.co.jp
http://www.pot.co.jp/
Postal transfer: 00110-7-21168
ISBN978-4-7808-0129-3 C0000

【書誌情報】
書籍DB●刊行情報
1 データ区分──1
2 ISBN──978-4-7808-0129-3
3 分類コード──0000
4 書名──本の現場
5 書名ヨミ──ホンノゲンバ
7 副書名──本はどう生まれ、だれに読まれているか
13 著者名1──永江 朗
14 種類1──著
15 著者名1読み──ナガエ アキラ
22 出版年月──200907
23 書店発売日──20090713
24 判型──4-6
25 ページ数──228
27 本体価格──1800
33 出版者──ポット出版
39 取引コード──3795

本文●ラフクリーム琥珀N 四六判・Y・71.5kg（0.130）／スミ（マットインク） 見返し●タント・L-67・四六判・Y・100kg
表紙●アラベール・ホワイト・四六判・Y・200kg／TOYO 10161
カバー●Mr.B・ホワイト・四六判・Y・110kg／スミ+TOYO 10161+TOYO 10187／グロスPP
帯●ニューエイジ・四六判・Y・90kg／TOYO 10161
使用書体●游明朝体std M+游明朝体五号かな+PGaramond ゴシックMB101 中ゴ 太ゴ 見出しゴ PVenice PFrutiger
2009-0101-2.5

ポット出版の「本」の本

デジタルコンテンツをめぐる現状報告

出版コンテンツ研究会報告2009

著●出版コンテンツ研究会、岩本敏、佐々木隆一、加茂竜一、境真良、小林弘人、柳与志夫　定価●1,800円+税

出版、音楽配信、印刷、役所、ITの現場のエキスパートに訊く、デジタルコンテンツビジネスの現状と課題。

2009.07発行／ ISBN978-4-7808-0128-6 ／ B6判・並製／ 208頁

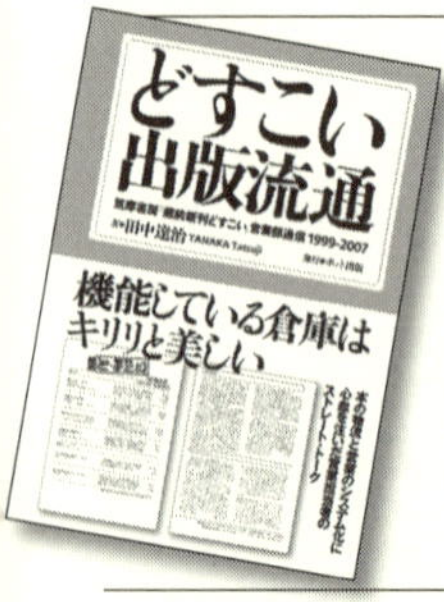

どすこい 出版流通

筑摩書房「蔵前新刊どすこい」営業部通信1999-2007

著●田中達治　定価●1,800円+税

本の物流と営業のシステム化に心血を注いだ、筑摩書房元取締役営業局長のストレート・トーク。

2008.07発行／ ISBN978-4-7808-0117-0 ／四六判・並製／ 200頁

石塚さん、書店営業にきました。

著●石塚昭生　定価●2,000円+税

書店と出版社が「本を売る」ためにすべきことはなにか。両者が互いに力を合わせるための実践的書店営業の方法。

2008.02発行／ ISBN978-4-7808-0113-2 ／四六判・並製／ 240頁

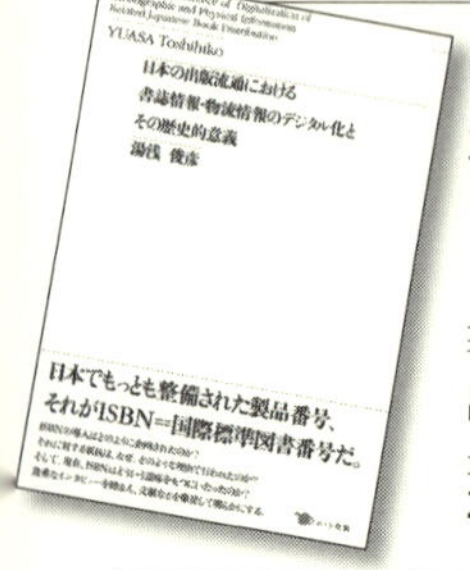

日本の出版流通における書誌情報・物流情報のデジタル化とその歴史的意義

著●湯浅俊彦　定価●3,200円+税

出版流通においてISBN導入はなにをもたらしたのか——。豊富な資料とインタビューを元にひもとく。詳細な索引付。

2007.12発行／ ISBN978-4-7808-0111-8 ／四六判・上製／ 376頁

●全国の書店、オンライン書店で購入・注文いただけます。

●以下のサイトでも購入いただけます。

ポット出版◎http://www.pot.co.jp　　版元ドットコム◎http://www.hanmoto.com